실속 100% 러시아어 중급 문법 1

랭기지플러스

머리말

이 책은 이미 러시아어 문법에 대한 기본 지식을 가지고 있는 학생들이 한 단계 높은 수준의 문법을 학습하는 데에 도움을 주기 위하여 집필하였습니다. 초급 수준의 문법 지식을 갖추고 있는 학생이라면, 본 교재를 통하여 효과적으로 다양한 중고급 문법 지식을 습득할 수 있을 것이라 생각합니다.

본 교재는 10년 넘게 경희대학교 러시아어학과에서 중급과정의 문법 수업을 진행하면서 만들어 낸 결과물입니다. 자체 제작한 교과과정으로, 10여년간 현장에서 학생들과 호흡하며 학생들이 중급 수준의 문법을 학습할 때 격게되는 어려움과 자주 범하는 오류들을 면밀히 살폈습니다. 한 학기 15주, 한 주 3시간이라는 교육 현장의 물리적 제약 안에서 어떻게 최대한 많은 지식을 전달할 수 있을까 고민하며 1년 과정의 중급문법 교육과정을 완성하게 되었습니다. 사실 이 시간은 더 많은 문법 지식과 이에 기반한 다양한 어휘와 활용을 가르치고 싶은 욕심을 내려 놓으며 중급 단계에서 학생들에게 꼭 필요한 문법과 어휘들을 추려 내는 과정이기도 했습니다.

<실속 100% 러시아어 첫걸음 1, 2> 수준의 문법을 학습한 사람이 가장 쉽게, 그리고 효율적으로 보다 높은 단계의 문법을 공부하는 데에 도움을 줄 수 있도록 디자인 되었습니다. 또 대학 강단에서 중급문법을 위한 1년 과정의 교재로 사용된다면 가장 큰 학습 효과를 낼 수 있으리라 생각합니다. 그리고 독학으로 학습하는 학생들에게도 어려움이 없도록 최대한 자세하게 문법 사항들을 설명하고, 수 많은 예문에 해석을 달았으며, 연습문제를 통하여 배운 지식을 스스로 점검할 수 있게 하였습니다.

<실속 100% 러시아어 중급문법> 제1권은 기본적으로 품사를 중심으로 구성되어 있습니다. 명사, 형용사, 대명사, 부사, 수사, 전치사, 접속사 등 기본적으로 알고 있는 러시아어 품사들을 중심으로, 중급과 고급 수준의 새로운 문법을 학습할 수 있도록 구성하였습니다. 그리고 초급문법 단계에서는 다룬 일이 없는 새로운 문법 지식을 익힐 뿐만 아니라 이러한 지식을 읽기와 말하기, 그리고 글쓰기에 활용할 수 있도록 돕는 수많은 예문과 연습문제들을 포함하고 있습니다.

이 교재는 토르플(TORFL) 1급, 2급 문법 시험을 준비하는 학생들에게도 매우 유용한 자료로 사용할 수 있습니다. 각종 러시아어 검정시험을 대비할 수 있도록, 매 5과마다 토르플 유형의 객관식 문제도 수록하였습니다.

본 교재가 한 단계 높은 수준의 러시아어 문법을 익혀 읽기와 쓰기, 말하기에 활용하고자 하는 많은 학생들의 러시아어 학습에 큰 도움이 되기를 바랍니다.

안지영, G.A. Budnikova

이 책의 특징

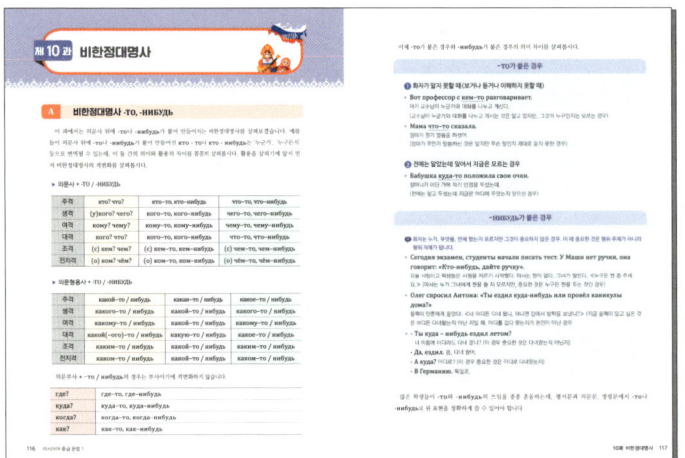

문법

첫걸음 단계에서 배운 문법을 조금 더 심화하여 중급 수준에 맞게 단원 별로 상세히 설명하였습니다.

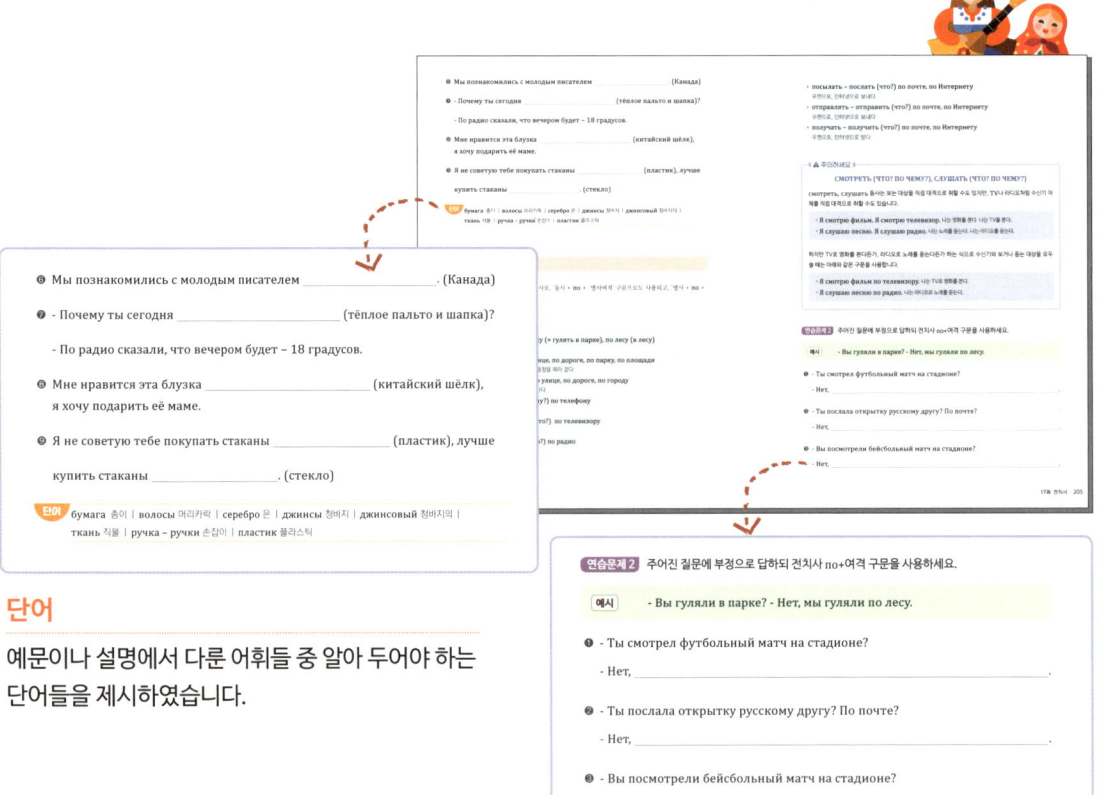

단어

예문이나 설명에서 다룬 어휘들 중 알아 두어야 하는 단어들을 제시하였습니다.

연습문제

문법을 설명한 뒤에 바로 연습문제를 제시하여 앞에서 배운 문법을 정확하게 익혔는지 바로 점검할 수 있습니다.

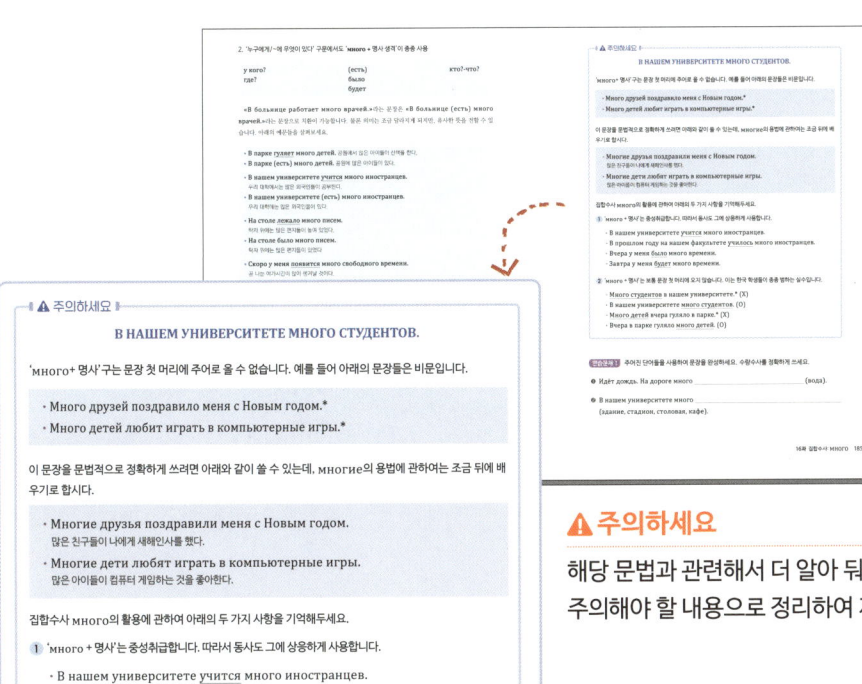

⚠️ 주의하세요

해당 문법과 관련해서 더 알아 둬야 할 내용과 주의해야 할 내용으로 정리하여 제시하였습니다.

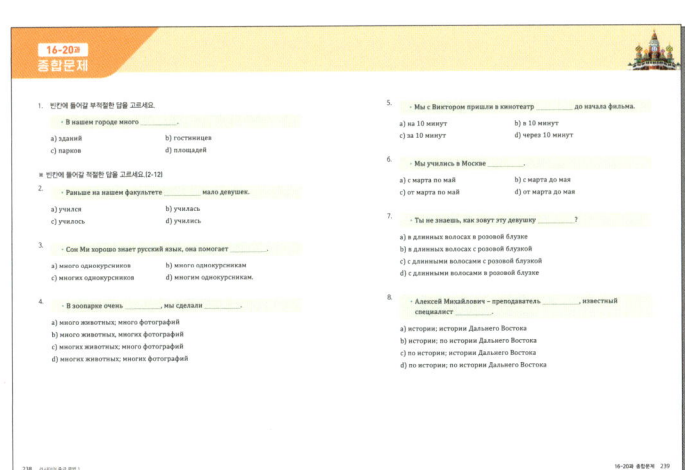

종합문제

다섯 과씩 끝날 때 마다 종합문제를 제시하였습니다. 종합문제는 실제 토르플 시험 유형과 유사하게 제시를 하여 실전 감각을 익힐 수 있도록 하였습니다.

목 차

제 1 과 명사의 단수형/복수형 10

А. 명사 관련 기본 문법
Б. 명사의 단수형, 복수형
В. 상시단수명사, 상시복수명사
Г. 음식과 관련된 단어들: 상시단수명사 vs. 셀 수 있는 명사
Д. 복수생격형

제 2 과 양성지칭 명사와 공통성 명사 24

А. 명사의 성
Б. 양성지칭 남성명사와 형용사, 형동사의 활용
В. 양성지칭 명사와 동사의 활용
Г. 공통성 명사

제 3 과 단어미 형용사 I 30

А. 관계형용사와 성질형용사
Б. 형용사 단어미형
В. 단어미 형용사의 활용

제 4 과 단어미 형용사 II 38

А. МАЛ,-А,-О,-Ы / ВЕЛИК,-А,-О,-И
Б. ПРАВ, -А, -Ы / НЕ ПРАВ, -А, -Ы
В. СОГЛАСЕН, СОГЛАСНА, -Ы / НЕ СОГЛАСЕН, СОГЛАСНА, -Ы
Г. РАД, -А,-Ы / НЕ РАД, -А,-Ы
Д. ДОВОЛЕН, ДОВОЛЬНА, -Ы / НЕ ДОВОЛЕН, ДОВОЛЬНА, -Ы
Е. СЧАСТЛИВ, СЧАСТЛИВА, СЧАСТЛИВЫ
Ё. СВОБОДЕН, СВОБОДНА, СВОБОДНЫ / ЗАНЯТ, ЗАНЯТА, ЗАНЯТО, ЗАНЯТЫ
Ж. БОЛЕН, БОЛЬНА, БОЛЬНЫ / ЗДОРОВ, ЗДОРОВА, ЗДОРОВЫ
З. ГОЛОДЕН, ГОЛОДНА, ГОЛОДНЫ
И. ПОХОЖ, ПОХОЖА, ПОХОЖЕ, ПОХОЖИ
К. ПОЛЕЗЕН, ПОЛЕЗНА, ПОЛЕЗНО, ПОЛЕЗНЫ / ВРЕДЕН, ВРЕДНА, ВРЕДНО, ВРЕДНЫ

제 5 과 형용사와 부사의 비교급 56

А. 형용사의 비교급
Б. 형용사 비교급 구문
В. 비교급 강조: НАМНОГО / ГОРАЗДО / ЗНАЧИТЕЛЬНО
Г. 부사의 비교급
Д. 다양한 비교급 구문: 시간과 장소
Е. 다양한 비교급 구문: 날씨

1-5과 종합문제   73

제 6 과   형용사와 부사의 최상급   76

А. 형용사 최상급
Б. 단순형 최상급과 복합형 최상급
В. 단순형 최상급과 복합형 최상급 САМЫЙ의 활용 구문
Г. 복합형 최상급 НАИБОЛЕЕ / НАИМЕНЕЕ와 비교급 + ВСЕХ의 활용 구문
Д. 부사의 최상급

제 7 과   인칭대명사와 재귀대명사   90

А. 다양한 대명사와 의문사, 지시/소유/한정형용사
Б. 재귀형용사 СВОЙ
В. 재귀대명사 СЕБЯ
Г. БРАТЬ – ВЗЯТЬ С СОБОЙ (ЧТО? – КОГО?)

제 8 과   한정대명사 САМ과 ДРУГОЙ   96

А. 한정대명사 САМ, САМА, САМО, САМИ
Б. 한정대명사 ДРУГОЙ

제 9 과   지시형용사, 의문형용사와 부사   106

А. 지시형용사 ТОТ, ТА, ТО, ТЕ
Б. 접속사와 함께 사용되는 지시대명사 ТО
В. 지시형용사 ТАКОЙ와 부사 ТАК
Г. 의문형용사 КАКОЙ, КАКАЯ, КАКОЕ, КАКИЕ와 의문부사 КАК

제 10 과   비한정대명사   116

А. 비한정대명사 -ТО, -НИБУДЬ
Б. 접두사 КОЕ-

6-10과 종합문제   126

목 차

제 11 과 부정의문대명사와 부정의문부사   130

     А. 부정의문대명사와 부정의문부사: НИ-형
     Б. 부정의문사와 부정의문부사: НЕ-형

제 12 과 서수사와 기수사   136

     А. 수사
     Б. 기수사
     В. 기수사 주격

제 13 과 수사의 생격과 대격   148

     А. 기수사 생격형과 명사
     Б. 기수사 생격형을 사용하는 구문들
     В. 기수사 대격형과 명사

제 14 과 서수사의 용법   158

     А. 서수사: 기본형
     Б. 단순형 서수사와 복합형 서수사
     В. 서수사의 용법

제 15 과 집합수사   170

     А. 집합수사
     Б. 집합수사 ДВОЕ, ТРОЕ, ЧЕТВЕРО, ПЯТЕРО, ШЕСТЕРО, СЕМЕРО
     В. 집합수사 ОБА, ОБЕ

11-15과 종합문제   179

제 16 과 집합수사: МНОГО   182

     А. 집합수사 МНОГО, НЕМНОГО, МАЛО, НЕМАЛО
     Б. 집합수사 МНОГО의 주격형
     В. 집합수사 МНОГО의 대격형
     Г. 집합수사 МНОГО와 형용사 МНОГИЕ
     Д. 형용사 МНОГИЕ의 다양한 격 활용
     Е. МНОГО, МНОГИЕ와 운동동사

제 17 과 전치사   200

- А. 전치사
- Б. 전치사 ИЗ, В, С, ОТ, О / ПРО
- В. 전치사 ПО
- Г. 전치사 ДЛЯ

제 18 과 시간표현 전치사와 접속사   214

- А. 시간표현 전치사와 접속사
- Б. 전치사를 사용한 시간표현 구문
- В. 접속사를 사용한 시간표현 구문

제 19 과 원인표현 전치사와 접속사   222

- А. ИЗ-ЗА ТОГО, ЧТО~, БЛАГОДАРЯ ТОМУ, ЧТО~
- Б. 접속사 ТАК КАК
- В. 양보구문 전치사 및 접속사

제 20 과 목적표현 전치사와 접속사   230

- А. 접속사 ЧТОБЫ
- Б. ДЛЯ ТОГО, ЧТОБЫ…
- В. 목적표현 전치사 ЗА와 ДЛЯ

16-20과 종합문제   238

부록 연습문제 정답   241

제 1 과 명사의 단수형/복수형

A 명사 관련 기본 문법

여러분은 이미 명사와 관련된 기본 문법들을 잘 알고 있습니다. 아래의 사항들을 중심으로 명사의 성에 관한 기본적인 지식을 정리해 봅시다.

1. 러시아어의 모든 명사에는 성(性)이 있다

남성명사	여성명사	중성명사
журнал, музей, дом, словарь, день, папа, дедушка	книга, песня, мать, тетрадь	письмо, море, общежитие, время, имя

2. 대다수의 명사는 단수형과 복수형을 지닌다

단수	복수	단수	복수
журнал	журналы	дом	дома
словарь	словари	книга	книги
сестра	сёстры	мать	матери
письмо	письма	море	моря
общежитие	общежития	дочь	дочери

3. 명사는 격변화한다

주격	Это книга. 이것은 책이다.
생격	У меня нет словаря. 나에게는 사전이 없다.
여격	Я пишу брату. 나는 형에게 편지를 쓴다.
대격	Я люблю маму, папу, брата и сестру. 나는 엄마, 아빠, 형, 누나를 사랑한다. Я еду в университет. 나는 대학으로 가고 있다.
조격	Она пишет карандашом. 그는 연필로 쓴다.
전치격	Мы учимся в университете. 우리는 대학에서 공부한다.

여러분이 잘 알고 있는 것처럼, 명사는 명사를 지배하는 동사나 전치사에 따라, 또 명사가 쓰인 구문의 모델에 따라 다양하게 격변화합니다.

> **⚠ 주의하세요**
>
> **격변화하지 않는 외래어**
>
> 불어나 영어 등 외국어에서 차용된 외래어 중 일부는 격변화하지 않습니다. 예를 들어, радио, пальто, метро, такси, кофе, кафе, пианино 등의 외래어는 격변화하지 않습니다.
>
> - Я еду на метро. 나는 지하철을 타고 간다.
> - Мы говорим о пальто. 우리는 코트에 관하여 말한다.
> - Сестра играет на пианино. 누나는 피아노를 친다.

4. 러시아어의 명사는 활성명사와 불활성명사로 나뉜다

활성명사	불활성명사
사람을 지칭하는 명사 (брат, Маша, учитель 등) 동물을 지칭하는 명사 (кот, собака, слон 등) 조류를 지칭하는 명사 (сорока, чайка 등) 어류와 바다생물을 지칭하는 명사 (карась, дельфин 등) 곤충을 지칭하는 명사 (муха, комар 등)	활성명사를 제외한 명사들

단어 кот 수고양이 | слон 코끼리 | сорока 까치 | чайка 갈매기 | карась 붕어
дельфин 돌고래 | муха 파리 | комар 모기

Б 명사의 단수형, 복수형

여러분은 이미 명사의 복수형을 만드는 규칙도 잘 알고 있습니다(《러시아어 첫걸음 1》 2과 56–58쪽 참조). 영어의 규칙 복수형 어미가 -s, -es인 것처럼, 러시아어의 규칙 복수형 어미는 -И, -Ы, -А, -Я입니다.

- И	-Ь (남성, 여성): словарь – словарИ, тетрадь – тетрадИ
	-Я (남성, 여성): песня – песнИ, дядя – дядИ
	-Й (남성명사) : музей – музеИ
	-К, -Г, -Х, -Ж, -Ч, -Ш, -Щ (남성): мальчик – мальчикИ
	-Ка, -Га, -Ха, -Жа, -Ча, -Ша, -Ща (여성): девочка – девочкИ
- Ы	-# (남성): студент – студентЫ, газета – газетЫ
- А	-о (중성): письмо – письмА
- Я	-е (중성): море – морЯ

이외에 불규칙 복수형 명사에 대해서도 기억해 봅시다.

단수	복수	단수	복수
брат	братья	учитель	учителя
сын	сыновья	профессор	профессора
муж	мужья	город	города
друг	друзья	дом	дома
стул	стулья	паспорт	паспорта
сосед	соседи	глаз	глаза
яблоко	яблоки	человек	люди
		ребёнок	дети

연습문제 1 주어진 명사들을 복수형으로 만들어 보세요.

단수	복수	단수	복수
картина		человек	
стол		брат	
стул		общежитие	
паспорт		платье	
муха		учитель	
учительница		аптека	
слово		яблоко	
школа		карандаш	
магазин		банк	

B 상시단수명사, 상시복수명사

여러분이 알고 있는 많은 명사, 다시 말해 셀 수 있는 명사(가산명사)들은 단수형과 복수형을 가집니다. 하지만 러시아어에는 항상 단수형으로만 쓰이는 상시단수명사도 있고, 항상 복수형으로만 쓰이는 상시복수 명사도 있습니다(〈러시아어 첫걸음 1, 2〉 별표 3번 1권 238-244쪽, 2권 284-285쪽 참조).

먼저 상시복수명사를 살펴봅시다. 이 명사들은 항상 복수의 형태로만 쓰이고 단수형이 없습니다.

상시복수명사

ножницы 가위	очки 안경	брюки 바지	деньги 돈	часы 시계	шахматы 서양장기
ворота 대문	духи 향수	весы 저울	сутки 1주야 24시간		

이번에는 상시단수명사를 봅시다. 항상 단수형으로만 사용되는 상시단수명사는 다음과 같이 분류하여 익히는 것이 좋습니다.

물질	золото 금, серебро 은, железо 철, уголь(m.) 석탄, нефть(f.) 석유 등
음료	вода 물, сок 주스, молоко 우유, вино 포도주, пиво 맥주 등
운동	футбол 축구, теннис 테니스 등
행위명사	уборка 청소, плавание 수영, чтение 독서, учёба 학업, рисование 그림 그리기 등
집합명사	молодёжь(f.) 젊은이, интеллигенция 인텔리겐치아, крестьянство 농민, человечество 인류, посуда 식기, одежда 의복, обувь(f.) 신발, мебель(f.) 가구 등
추상명사	внимание 주의, добро (доброта) 선(善), детство 유년시절, юность(f.) 청춘, молодость(f.) 젊음, старость(f.) 노년, любовь(f.) 사랑, помощь(f.) 도움, слава 명예, голод 기아, темнота 비좁음, шум 소음 등

Г 음식과 관련된 단어들: 상시단수명사 vs. 셀 수 있는 명사

이번에는 음식과 관련된 단어들을 살펴봅시다. 영어의 경우 milk, coffee 등은 셀 수 없는 명사라 단위명 사를 사용하여 a glass of milk, a cup of coffee 등으로 표현합니다. 그렇다면 러시아어는 어떨까요? 음식을 지칭하는 러시아어 명사에는 단수형과 복수형을 다 가지는 가산명사도 있고(яйцо-яйца 계란, огурец-огурцы 오이, яблоко-яблоки 사과 등), 단수로만 사용되는 불가산명사도 있습니다(мясо 고기, лук 양파, виноград 포도 등). 따라서 음식명사를 공부할 때는 이 명사가 셀 수 있는 명사인지 아닌 지 주의하여 보아야 합니다.

음식을 지칭하는 명사 중 아래의 명사들은 상시단수명사입니다.

мясо 고기	**рыба** 생선	**сыр** 치즈	**масло** 기름
сахар 설탕	**соль(f.)** 소금	**хлеб** 빵	**колбаса** 살라미
рис 쌀	**хлеб** 빵	**печенье** 과자	

하지만 음식을 지칭하는 명사 중에는 셀 수 있는 명사, 즉 복수형을 가지는 명사들도 많이 있습니다. 예를 들어, **яйцо – яйца**, **конфета – конфеты** 사탕, **сосиска – сосиски** 소시지, **торт – торты** 케이크 등은 복수형을 가지는 명사들입니다.

특히 채소를 지칭하는 단어들을 사용할 때는 특별한 주의가 필요합니다. 먼저 채소를 지칭하는 단어들 중 아래의 단어들은 상시단수명사입니다.

лук 양파	**морковь(f.) / морковка** 당근	**капуста** 배추, 양배추
чеснок 마늘	**картофель(m.) (картошка)** 감자	**свёкла** 비트
салат 상추	**горох** 완두콩	

하지만 같은 채소라 하더라도 **огурец – огурцы**, **помидор – помидоры** 토마토, **баклажан – баклажаны** 가지, **кабачок – кабачки** 호박 등은 복수형을 가지는 셀 수 있는 명사들입니다.

역시 음식의 범주에 드는 명사들 중, 과일과 열매를 지칭하는 명사들에도 특별한 주의가 필요합니다. 과일과 열매를 지칭하는 명사들 중 아래의 명사들은 상시단수명사들입니다.

виноград 포도	**клубника** 딸기	**малина** 산딸기

하지만 과일과 열매들을 지칭하는 단어들 중에도 셀 수 있는 명사들이 많이 있고 이 명사들은 복수형을 가집니다.

ананас – ананасы 파인애플	**груша – груши** 배	**банан – бананы** 바나나
апельсин – апельсины 오렌지	**лимон – лимоны** 레몬	**арбуз – арбузы** 수박
мандарин – мандарины 귤	**яблоко – яблоки** 사과	**дыня – дыни** 참외

이렇듯 음식과 관련된 명사를 공부할 때는 해당 명사가 가산명사인지 불가산명사인지를 정확하게 익혀두어야 이와 관련된 문법적 오류를 줄일 수 있습니다.

그렇다면 이런 다양한 음식 관련 명사들이 몇 킬로그램, 몇 병 등 단위명사와 결합할 때는 어떤 형태로 결합하게 될까요?

1. килограмм, банка, бутылка, пачка, пакет와 같은 단위명사와 결합하는 경우, 셀 수 있는 명사는 복수생격형으로, 상시단수명사는 단수생격형으로 결합

   ▶ 상시단수명사: 단수생격형으로 결합

   - **килограмм лука, винограда, моркови, мяса, риса, рыбы, сыра**
     양파/포도/당근/고기/쌀/생선/치즈 1 킬로그램
   - **банка майонеза**
     마요네즈 한 캔

   ▶ 셀 수 있는 명사: 복수생격형으로 결합

   - **килограмм помидоров, апельсинов, груш, яблок**
     토마토/오렌지/배/사과 1 킬로그램
   - **банка огурцов**
     오이 한 캔

2. много, немного, мало, немало와 결합하는 경우도 상시단수명사는 단수생격형으로, 셀 수 있는 명사는 복수생격형으로 결합

   ▶ 상시단수명사: 단수생격형으로 결합

   много картофеля (картошки), хлеба, молока, воды, клубники
   많은 감자/빵/우유/물/딸기

   ▶ 셀 수 있는 명사: 복수생격형으로 결합

   много яиц, огурцов, конфет
   많은 계란/오이/사탕

3. Сколько стоит/стоят...?과 같이 가격을 묻는 표현을 사용할 경우도 상시단수명사는 단수형 명사와 단수형 동사를 사용하는 반면, 셀 수 있는 명사는 복수형 명사와 복수형 동사를 사용

▶ 상시단수명사: 단수형 동사 사용

- Сколько стоит лук, виноград, мясо, молоко? 양파/포도/고기/우유가 얼마인가요?
- Сколько стоит рис, сыр / виноград? 쌀/치즈/포도가 얼마인가요?

▶ 셀 수 있는 명사: 복수형 동사 사용

- Сколько стоят огурцы / яблоки?
- Сколько стоят помидоры / апельсины?

음식을 지칭하는 명사가 나올 때마다 그것이 상시단수명사인지 복수형을 가지는 명사인지를 따로 기억해 두어야 한다고 생각하면 다소 어렵게 생각될 수도 있지만, 그렇게 구분되는 이유를 하나하나 따져보면 어느 정도 설명할 수 있는 방법도 있습니다.

먼저 음식을 지칭하는 명사들 중 한 개, 한 개 셀 수 있는 명사들, 예를 들어 계란, 사탕 등은 가산명사로 복수형을 가집니다.

- одно яйцо, два яйца, пять яиц 계란 1개, 계란 2개, 계란 5개
- одна конфета, две конфеты, пять конфет 사탕 1개, 사탕 2개, 사탕 5개

반면 하나하나 셀 수 없는 아래의 명사들은 불가산 명사로 단수형으로만 사용되고, 음식의 형태에 따라 각각 다른 단위명사를 사용하여 수량을 표시합니다.

액상형 식료품
вода 물, молоко 우유, сок 쥬스, масло 기름 등 액상형 식료품은 액체를 담는 용기를 단위명사로 사용

бутылка воды 물 한 병
две бутылки воды 물 두 병
пять бутылок воды 물 다섯 병

가루/낱알형 식료품
рис 쌀, соль 소금, сахар 설탕 등 가루나 낱알 형태의 식료품은 가루를 담는 자루나 무게 단위를 단위명사로 사용

пачка соли 소금 한 팩
килограмм сахара 설탕 1 킬로그램

전체의 부분인 식료품
мясо, сыр 치즈 등 덩어리에서 떼어내야하는 형태인 식료품은 무게 단위를 단위명사로 사용

килограмм мяса 고기 1 킬로그램
200 граммов сыра 치즈 200그램

그런데 채소의 경우에는 이와는 또 다른 기준이 작용합니다. 여기서는 역사적인 맥락을 살필 필요가 있습니다.

> ### ⚠ 주의하세요
>
> #### 어떻게 팔았을까?
>
> 러시아에서는 매일 식탁에서 먹을 수 있는 흔한 채소들, 예를 들어 감자(картофель), 양파(лук), 당근(морковь), 비트(свёкла) 등은 대량으로 재배하였고, 팔 때도 하나하나 세어 팔지 않고 무게를 달아 팔았습니다.
>
> 반면 오이(огурцы), 가지(баклажаны)나 흰 호박(кабачки)등은 해외에서 들여온 채소였습니다. 또 토마토(помидоры)는 18세기 말에 러시아에 들어왔고 오랫동안 채소가 아니라 과일로 분류되었습니다. 이런 채소들은 처음에는 이국적인 음식이었고, 당연히 값도 비쌌으며, 개당 단위로 판매하였습니다. 그러다 보니 자연스레 셀 수 있는 명사가 되었습니다.
>
> 추운 날씨 때문에 러시아에서는 과일을 재배하는 것도 쉬운 일이 아니었습니다. 문헌을 보면 사과는 10세기 경에 러시아에서 재배되었지만, 사과 재배가 가능한 지역은 러시아 중남부로 제한되었습니다. 따라서 많은 경우 과일은 따뜻한 나라에서 수입해 와야 했습니다. 그래서 과일은 대부분 하나씩 세어 팔았고, 그 결과 과일을 지칭하는 명사들은 많은 경우 셀 수 있는 명사, 즉 복수형을 가지는 명사가 되었습니다.
>
> 과일 중 상시단수명사로 쓰이는 것들은 열매가 아주 작아 셀 수가 없는 것들, 즉 산딸기(малина), 딸기(клубника), 포도(виноград) 등 뿐입니다.
>
> 이렇게 역사적인 배경을 살펴보면 많은 것이 해결되지요? 그래도 한 가지 질문이 남습니다. 감자가 셀 수 없는 명사라 하더라도, 요리를 하다 보면 ≪감자 두 개만 가져 와라!≫의 경우처럼 채소의 수량을 말하고 싶을 때가 있을 텐데 이럴 때는 어떻게 말해야 할까요?
>
> 러시아어에서는 이 경우 штука(개)이라는 단위명사를 사용합니다(одна штука, две, три, четыре штуки, пять – десять штук). 따라서 요리 레시피를 공유한다고 할 때, ≪감자 3-4개(картофель - 3-4 штуки), 양파 2-3개(лук – 2-3 штуки)≫ 하는 식으로 표현할 수 있습니다. 혹은 일상회화에서 많이 쓰이는 회화체 표현으로 동일한 어근으로 다른 단어를 만들어 사용하기도 합니다.
>
> - картофелина 감자 – одна картофелина, две картофелины
> - луковица 양파 – одна луковица
> - морковка 당근 – две морковки

연습문제 2 주어진 단어를 읽고 셀 수 있는 명사라면 복수형을 쓰고, 그렇지 않으면 X표를 하세요.

예시   журнал – журналы   мясо – X

рубашка		баскетбол	
одежда		изучение	
лимон		конфета	
яблоко		понимание	
виноград		кот	
шкаф		улица	
мебель		президент	
огурец		картофель	
молоко		клубника	
город		лук	

이제 지금껏 정리한 것들을 바탕으로 가격을 묻는 구문, 단위명사를 사용한 구문들을 활용하여 문장을 만들어 봅시다.

구문 СКОЛЬКО СТОИТ/ СТОЯТ + 주격

❶ 셀 수 없는 명사

Сколько стоит лук / виноград / мясо / молоко?
양파/포도/고기/우유는 얼마입니다?

❷ 셀 수 있는 명사

Сколько стоят огурцы / яблоки / сигареты?
오이/사과/담배는 얼마입니까?

연습문제 3 주어진 예를 보고 가격을 묻는 질문을 만들어 보세요. 셀 수 있는 명사의 경우에는 복수형을 사용하세요.

> **예시**
> хлеб → Сколько стоит хлеб?
> сосиска → Сколько стоят сосиски?

❶ сахар → _____ ?

❷ сыр → _____ ?

❸ конфета → _____ ?

❹ свёкла → _____ ?

❺ банан → _____ ?

❻ апельсин → _____ ?

❼ клубника → _____ ?

❽ баклажан → _____ ?

❾ бензин → _____ ?

❿ молоко → _____ ?

구문 **КИЛОГРАММ, ПАКЕТ, БУТЫЛКА, БАНКА, ПАЧКА (НЕ) МНОГО, (НЕ) МАЛО + 생격**

❶ 셀 수 없는 명사: 단수생격형

килограмм мяса, бутылка пива, много винограда
고기 1 킬로그램, 맥주 한 병, 많은 포도

❷ 셀 수 있는 명사: 복수생격형

килограмм бананов, много яблок
바나나 1 킬로그램, 많은 사과

연습문제 4   아래의 명사들을 КИЛОГРАММ이라는 단위명사와 결합시켜 보세요.

> **예시**   килограмм лука (← лук)

	← морковь (f.)		← мандарин
	← груша		← колбаса
	← рис		← мука
	← картофель (m.)		← кабачок
	← лимон		← конфета

단어   мандарин 귤 | груша 배 | мука 밀가루 | кабачок 흰 호박 | лимон 레몬

Д 복수생격형

여러분은 이미 명사의 복수생격형을 알고 있습니다(《러시아어 첫걸음 2》, 17과 179 – 185쪽 참조). 다시 한번 러시아어 명사의 복수생격형을 복습해 봅시다. 러시아어 복수생격형 어미는 -ЕЙ, -ЕВ, -ОВ, -#(제로 어미)입니다.

- ЕЙ	• -Ь: тетрадь – тетрадей, словарь – словарей • -Ш Ж Ч Щ: врач – врачей, карандаш – карандашей
- ЕВ	• -Й: музей – музеев • -Ц: месяц – месяцев, американец – американцев cf. -Ц뒤 어미에 강세가 올 때는 -ов отец – отцов, огурец – огурцов, певец – певцов, продавец – продавцов, конец – концов
- ОВ	• -#: стол – столов, студент – студентов
- #	• -А, -Я: книга – книг, неделя – недель, марка – марок, ручка – ручек • -О, -Е: слово – слов, училище – училищ, окно – окон • -ИЯ, -ИЕ: лекция – лекций, общежитие – общежитий • 상시복수명사: брюки – брюк, ножницы – ножниц • -ИН(남성활성명사): англичанин – англичан, гражданин – граждан

이러한 규칙 복수생격형 외에 불규칙 복수생격형들이 있었던 것을 기억하고 있을 것입니다. 아래의 표를 보고 다시 한번 암기하세요.

друг – друзей
сын – сыновей
сосед – соседей
брат – братьев
стул – стульев
дерево – деревьев
платье – платьев
лист – листьев, листов
очки – очков
туфли – туфель
деньги – денег
часы – часов
имя – имён

сестра – сестёр
семья – семей
копейка – копеек
песня – песен
письмо – писем
море – морей
дети – детей
люди – людей*
раз – раз
человек – человек*
год – лет

⚠️ 주의하세요

ЧЕЛОВЕК vs. ЛЮДЕЙ

① 주격과 같은 형태인 복수생격 человек은 복수생격을 취하는 숫자, 그리고 сколько, несколько와 결합할 때 쓰입니다.

② люди의 복수생격형 людей는 много, немного, мало, немало 등과 결합할 때 쓰입니다.

человек		люди	
1, 21, 31, 141…	человек (단수주격)	много	
2(два), 3, 4, 22, 23, 24, 352, 573…	человека (단수생격)	немного	людей (복수생격)
5-10, 11, 12, 13, 14-20, 25-30…	человек (복수생격)	мало	
сколько несколько…	человек (복수생격)	немало	

연습문제 5 괄호 안의 단어를 알맞은 형태로 바꾸세요.

예시
Я купил много _____. (яблоко) → Я купил много яблок.
Я купил много _____. (лук) → Я купил много лука.

❶ На рынке много _____.
  (мандарин, апельсин, виноград, клубника)

❷ Здесь много _____.
  (чай, хлеб, конфета, печенье)

❸ В холодильнике много _____.
  (мясо, рыба, колбаса, сыр, масло, сосиски, яйцо)

❹ Дети ели много _____.
  (персик, лимон, груша, малина)

❺ В деревне растёт много _____.
  (огурец, помидор, картофель, рис, баклажан, кабачок, капуста, морковь)

❻ На площади много _____.
  (человек, люди)

연습문제 6 주어진 단어를 много와 결합하고, 알맞은 형태로 바꾸세요.

예시 студент → много студентов   золото → много золота

много			
вода		магазин	
месяц		чеснок	
окно		брат	
ручка		нож	
клубника		море	
очки		сыр	
трамвай		девушка	
конфета		серебро	
сын		учитель	
обувь (f.)		посуда	
дети		сосед	

제 2 과 양성지칭 명사와 공통성 명사

A 명사의 성

여러분은 이미 러시아어의 명사가 남성명사, 여성명사, 중성명사로 나뉜다는 것, 그리고 연음부호 ь로 끝나는 명사들의 경우 남성, 여성명사를 구분하여 암기해야 한다는 사실을 알고 있습니다(《러시아어 첫걸음 1, 2》 별표 1 1권 238쪽, 2권 284쪽 참조).

남성명사 (-#, -й, -ь)	студент, журнал, музей, словарь, день
여성명사 (-а, -я, -ь)	мама, книга, песня, мать, тетрадь
중성명사 (-о, -е, -мя)	письмо, море, время, имя

명사의 성을 기억하며 아래의 연습문제를 풀어보세요.

연습문제 1 주어진 명사의 성을 쓰세요.

> **예시**   стол – 남   книга – 여

명사	성	명사	성	명사	성	명사	성
озеро		портфель		тетрадь		время	
январь		песня		кафе		кофе	
день		лицо		имя		преподаватель	
платье		столовая		мороженое		врач	

또 명사의 성이 형용사에도 영향을 주어, 명사의 성에 따라 형용사의 형태(성, 수, 격)가 결정된다는 사실도 알고 있습니다.

- большое озеро 큰 호수
- коричневый портфель 갈색 서류 가방
- синяя тетрадь 푸른 노트

연습문제 2 아래의 표에 주어진 형용사들을 참조하여 빈칸에 들어갈 형용사를 적절한 형태로 써 넣으세요.

| 예시 | _____ книга → большая книга |

❶ _____ время
❷ _____ песня
❸ _____ кофе
❹ _____ лицо
❺ _____ преподаватель
❻ _____ столовая
❼ _____ врач
❽ _____ январь
❾ _____ кафе
❿ _____ день
⓫ _____ имя
⓬ _____ платье
⓭ _____ мороженое

большой, маленький, хороший, плохой, красивый, добрый,
холодный, чёрный, белый, новый, старый, молодой, свободный,
длинный 긴, короткий 짧은, тёплый 따뜻한

Б 양성지칭 남성명사와 형용사, 형동사의 활용

러시아어에는 남성명사이지만 여성을 지칭할 수도 있고, 남성을 지칭할 수도 있는 명사들이 있습니다. 위의 연습문제 2의 마지막 단어인 врач(의사)를 생각해 봅시다. 이 명사는 남성명사이지만, 때로는 남자 의사를 지칭하고, 때로는 여자의사를 지칭합니다.

- врач Антон Иванович Смирнов и врач Анна Петровна Смирнова
  의사 안톤 이바노비치 스미르노프와 의사 안나 페트로브나 스미르노바

그렇다면 이런 경우 형용사는 어떻게 사용해야 할까요? 아래의 세 문장을 읽어보세요. 어떤 문장이 오류가 있는 문장일까요?

A. Это молодой врач Смирнов Антон Иванович.
B. Это молодой врач Смирнова Анна Петровна.
C. Это молодая врач Смирнова Анна Петровна.

> ⚠️ **주의하세요**
>
> ### ХОРОШИЙ ВРАЧ СЕРГЕЕВА АННА ПЕТРОВНА
>
> врач 의사, доктор 박사, 의사, бизнесмен 사업가, инженер 엔지니어, директор 디렉터, диктор 아나운서, профессор 교수, шофёр 운전사, водитель 운전사, повар 요리사, экономист 경제전문가 등은 모두 남성명사로 남성을 지칭할 수도 있고, 여성을 지칭할 수도 있는 명사입니다.
> 하지만 이를 수식하는 형용사는 항상 남성형을 사용해야 합니다. 이 명사들이 여성을 지칭하고 있을 때도 마찬가지입니다.
>
> - <u>хороший</u> врач Сергеева Анна Петровна
>   좋은 의사 안나 페트로브나 세르게예바
> - <u>молодой</u> директор Балашова Ирина Николаевна
>   젊은 디렉터 이리나 니콜라예브나 발라쇼바
> - <u>новый</u> профессор Куликова Наталья Георгиевна
>   새로운 교수 나탈리야 게오르기예브나 쿨리코바
>
> 예를 들어 хорошая врач*, молодая директор*, новая профессор* 등은 틀린 표현입니다.

따라서 위의 세 문장 중 틀린 문장은 C번 문장입니다.

그런데 또 한가지 알아 두어야 할 문법이 있습니다. 이렇게 양성을 다 지칭할 수 있는 남성명사들을 형용사가 아니라 형동사가 수식할 때는, 지칭하는 사람의 실제 성에 따라 형동사의 형태가 결정된다는 점입니다.

- <u>Работающий</u> в этой клинике врач Смирнов Антон Иванович часто делает сложные операции.
  Врач Смирнов Антон Иванович, <u>работающий</u> в этой клинике, часто делает сложные операции.
  이 병원에서 일하는 의사 안톤 이바노비치 스미르노프씨는 종종 복잡한 수술을 집도한다.

- <u>Работающая</u> в этой клинике врач Смирнова Анна Петровна часто делает сложные операции.
  Врач Смирнова Анна Петровна, <u>работающая</u> в этой клинике, часто делает сложные операции.
  이 병원에서 일하는 의사 안나 페트로브나 스미르노바는 종종 복잡한 수술을 집도한다.

즉, 형용사는 명사의 문법적 성에 따라, 형동사는 그 명사가 지칭하는 실제 대상의 성에 따라 성이 결정된다고 이해하면 됩니다.

연습문제 3 괄호 안에 주어진 단어 중 적절한 답을 골라 보세요.

❶ (Новый / Новая) инженер Волкова хорошо работает.

❷ (Известный / Известная) профессор Дружинин прочитал лекцию по истории.

❸ Дети любят (доброго / добрую) повара Ивана Николаевича.

❹ Профессор Колосова Нина Михайловна (прочитавший / прочитавшая) лекцию о Пушкине, сейчас задаёт вопросы студентам.

❺ Мы говорим о (старом / старой) учителе Котовой Марии Владимировне.

❻ Мы познакомились с (хорошим / хорошей) экономистом Трушиным Виктором Дмитриевичем.

B 양성지칭 명사와 동사의 활용

그렇다면 이번에는 양성지칭명사들의 동사활용 문제를 살펴봅시다. 아래의 문장들을 읽어보세요. 이 중 문법적 오류가 있는 문장은 어떤 문장일까요?

A. Молодой врач Смирнов Антон Иванович сделал операцию.
B. Молодой врач Смирнова Анна Петровна сделал операцию.
C. Молодой врач Смирнова Анна Петровна сделала операцию.

형용사의 경우와 달리 동사는 형동사처럼 해당 주어의 진짜 성에 따라 결정됩니다. 예를 들어, 의사가 남성이면 남성과거형 동사를, 여성이면 여성과거형 동사를 사용해야 합니다. 따라서 오류가 있는 문장은 B 번 문장입니다. 아래의 예문과 같이 동사를 사용하는 것이 바른 사용입니다.

- Молодой бизнесмен Ларина Ирина Петровна приехала в Корею.
  젊은 기업가 이리나 페트로브나 라리나가 한국에 왔다.
- Молодой бизнесмен Ларин Сергей Иванович приехал в Корею.
  젊은 기업가 세르게이 이바노비치 라린이 한국에 왔다.

연습문제 4 괄호 안에 주어진 동사를 사용하여 빈칸에 들어갈 동사의 과거형을 적절한 형태로 넣으세요.

❶ (прочитать) Новый профессор Кузнецов Иван Сергеевич _____ интересную лекцию. Новый профессор Соколова Вера Николаевна _____ интересную лекцию.

❷ (спросить) Декан Соколова _____ студентов об экзамене.

❸ (закончить) Инженер Петров _____ работу в 8 часов.

❹ (начать) Учитель Москвин _____ рассказывать школьникам о Пушкине.

❺ (посоветовать) Директор Куприна Вера Сергеевна _____ нам поехать в Московский университет.

연습문제 5 주어진 단어들을 이용하여 과거시제 문장을 만들어 보세요.

예시   Молодой, профессор, Иванова, прочитать лекцию о Пушкине.
→ Молодой профессор Иванова прочитала лекцию о Пушкине.

❶ Известный, режиссёр, Матвеев, получить приз на кинофестивале.

→ _____.

❷ Новый, инженер, Зайцев, быстро, сделать эту работу.

→ _____.

❸ Старый, директор школы, Новикова, поздравить школьников с праздником.

→ _____.

❹ Молодой, водитель, Москвин, купить новую машину.

→ _____.

❺ Хороший, переводчик, Степанова, перевести корейский роман на русский язык.

→ _____.

❻ Знакомый, доктор, Белкина, работать в большой клинике.

→ _____.

단어 режиссёр 감독 | приз 상 | праздник 축제, 명절

Г 공통성 명사

러시아어의 대부분의 명사들은 남성명사, 여성명사, 중성명사로 나뉘지만, 그 자체로 성이 정해지지 않은 아주 소수의 공통성 명사가 있습니다. 이 명사들은 -а나 -я로 끝나 여성명사처럼 보이지만, 실은 여성명사도 남성명사도 아닌 공통성 명사입니다. 공통성 명사들 중 가장 널리 쓰이는 명사들은 다음과 같습니다.

| сирота 고아 | судья 판사 | коллега 동료 | староста 대표 |
| невежа 무뢰한 | невежда 무식쟁이 | неряха 덜렁이 | |

문장에서 이러한 공통성 명사가 어떻게 쓰이는지 주의해서 보세요.

- Павел – круглый сирота. Сирота Павел жил в детском доме 10 лет.
  파벨은 천애 고아이다. 고아 파벨은 고아원에서 10년간 살았다.
- Вера – круглая сирота. Сирота Вера жила в детском доме 10 лет.
  베라는 천애 고아이다. 고아 베라는 고아원에서 10년간 살았다.

위의 예문에서 볼 수 있는 것처럼 이러한 명사를 수식하거나 서술하는 형용사나 동사는 공통성 명사가 지칭하는 대상의 진짜 성에 따라 결정됩니다.

제 3 과 단어미 형용사 I

A 관계형용사와 성질형용사

이번 과에서는 단어미 형용사를 공부하려 합니다. 그런데 단어미 형용사를 익히기 전에 먼저 관계형용사와 성질형용사에 관해 살펴봅시다. 러시아어 형용사는 크게 관계형용사와 성질형용사로 나누어 볼 수 있습니다. 이 두 형용사 그룹 간에는 어떤 차이가 있을까요?

먼저 성질형용사는 '정도'에 관하여 이야기할 수 있는 특징을 가집니다. 예를 들어, **красивый**라는 형용사를 볼까요?

- **очень красивый человек** 매우 아름다운 사람
- **не очень красивый человек** 매우 아름답지는 않은 사람
- **очень некрасивый человек** 아주 미운 사람

이렇듯 성질형용사는 정도를 표현할 수 있는 형용사이기에 부사 **очень**과 결합할 수 있습니다.

- **большой – очень большой** 큰 – 아주 큰
- **вкусный – очень вкусный** 맛있는 – 아주 맛있는
- **интересный – очень интересный** 재미있는 – 아주 재미있는

반면, 관계형용사에는 그런 속성이 없습니다. 그래서 앞에 **очень** 붙이면 아주 이상한 비문이 만들어집니다.

'**русский балет**(러시아 발레)' 앞에 '**очень русский* балет**'을 붙이면 이는 비문이 됩니다. '**футбольный матч**(축구 경기)' 앞에 '**очень футбольный***'를 붙이거나, '**студенческая столовая**(학생식당)' 앞에 '**очень студенческая***'를 붙이면 비문이 됩니다.

또 성질형용사는 장어미형과 단어미형을 모두 가집니다.

장어미형	красивый город, красивая картина, красивое платье, красивые дети
단어미형	Город красив, Картина красива, Платье красиво, Дети красивы

Б 형용사 단어미형

앞서 살핀 것처럼 이제부터 우리가 보게 될 형용사의 단어미형은 성질형용사에만 적용되는 문법입니다. 여러분은 이미 몇 개의 형용사 단어미형을 알고 있습니다(〈러시아어 첫걸음 2〉 14과 79쪽, 93쪽 참조).

- мал, мала, мало, малы 작다
- велик, велика, велико, велики 크다
- нужен, нужна, нужно, нужны 필요하다

이번 과에서는 형용사 단어미형을 만드는 방법과, 단어미형이 문어와 구어에서 어떻게 사용되는지 등을 살펴보고자 합니다.

단어미형 형용사는 성질형용사 장어미형에서만 파생됩니다. 장어미형 형용사처럼 단어미형 형용사도 성에 따라 변화하고 남성, 여성, 중성형만이 아니라 복수형도 가집니다.

대부분의 남성형용사 단어미형은 어미를 떼어 내어 만듭니다.

красивый → красив   широкий → широк

여성형용사 단어미형은 남성형용사 단어미형에 -а를 더하여 만듭니다.

красив → красива   широк → широка

중성형용사 단어미형은 남성형용사 단어미형에 -о를 더하여 만들고, 복수형용사 단어미형은 남성형용사 단어미형에 -ы나 -и(어간이 К, Г, Х, Ж, Ч, Ш, Щ로 끝나는 경우)를 더하여 만듭니다.

красив - красиво   широк - широко
красив - красивы   широк - широки

남성형용사 단어미형을 만들기 위해 어미를 뗐을 때 어간이 이중 자음으로 끝나면(예를 들어, низкий – низк, вкусный – вкусн) 발음상의 문제가 생기기 때문에 이중 자음 사이에 о를 넣어주거나(이 경우는 이중 자음 중 한 자음이 к인 경우), е를 넣어줍니다(이 경우는 이중 자음 중 한 자음이 н인 경우). 하지만 이 경우라도 여성, 중성, 복수 단어미형 형용사형의 경우는 모음을 넣어주지 않습니다.

ни́зкий	–	низк*	ни́зок	вку́сный – вкусн*	вку́сен
			низка́		вкусна́
			ни́зко		вку́сно
			низки́		вкусны́

만일 이중 자음 중 한 자음이 й이거나, 자음들 사이에 -ь-가 있으면 남성형용사 단어미형의 경우 두 자음 사이에 e를 넣어줍니다.

споко́йный	споко́йн*	споко́ен	обяза́тельный	обяза́тельн*	обяза́телен
		споко́йна			обяза́тельна
		споко́йно			обяза́тельно
		споко́йны			обяза́тельны

항상 그런 것은 아니지만, 단어미 형용사 여성, 중성, 복수형 어미에 강세가 올 때가 많다는 사실도 기억해두세요.

> ⚠️ **주의하세요**
>
> ### МАЛЕНЬКИЙ와 БОЛЬШОЙ의 단어미형
>
> ма́ленький와 большо́й의 단어미형은 아래와 같습니다.
>
> - ма́ленький – мал, мала́, мало́, малы́
> - большо́й – вели́к, велика́, велико́, велики́

연습문제 1 주어진 장어미 형용사로 남성, 여성, 중성, 복수형 단어미 형용사를 만들어보세요((!) 표시가 있는 경우는 여성, 중성, 복수 단어미형 형용사의 경우는 어미에 강세가 옵니다).

хоро́ший (!) → _____

плохо́й (!) → _____

у́зкий (!) → _____

бли́зкий (!) → _____

дли́нный (!) → _____

бы́стрый (!) → _____

поле́зный → _____

вре́дный (!) → _____

тала́нтливый → _____

тру́дный (!) → _____

гру́стный (!) → _____

мя́гкий (!) → _____

дово́льный → _____

свобо́дный → _____

단어 поле́зный 유용한 | вре́дный 해로운 | тала́нтливый 재능있는 | тру́дный 어려운 | гру́стный 슬픈
похо́жий 닮다 | мя́гкий 부드러운 | дово́льный 만족한 | свобо́дный 자유로운

B 단어미 형용사의 활용

이번에는 단어미 형용사들이 명사와 동사와 결합하여 어떻게 사용되는지 그 활용을 살펴봅시다.

1. 단어미 형용사와 명사

여러분이 아는 것처럼 장어미 형용사는 수식도 하고(**красивый город** 아름다운 도시, **вкусная рыба** 맛있는 생선), 서술도 합니다(**Дом хороший** 집이 좋다). 또 수식할 때 장어미 형용사는 주로 명사의 앞에 옵니다.

반면 단어미 형용사는 수식하는 기능은 없고, 서술하는 기능만 있습니다. 그래서 주어 뒤에 오게 됩니다.

- **Город красив.** 도시가 아름답다.
- **Рыба вкусна.** 생선이 맛있다.

연습문제 2 먼저 주어진 장어미 형용사와 명사를 수식관계로 결합시키고, 이어 장어미 형용사에서 단어미 형용사형을 파생시켜, 단어미 형용사를 사용한 서술관계 문장을 만들어 보세요.

예시 (широкий, дорога) → широкая дорога; Дорога широка.

❶ (узкий, улица) → _____.

❷ (добрый, человек) → _____.

❸ (обязательный, условие) → _____.

❹ (трудный, экзамен) → _____.

❺ (короткий, юбка) → _____.

❻ (полезный, овощи) → _____.

❼ (грустный, глаза) → _____.

단어 условие 조건

2. 단어미 형용사와 동사 (현재, 과거, 미래)

러시아어에서는 현재형 be 동사가 생략되기 때문에 많은 학생들은 «Брат – экономист», «На улице холодно», «Отец свободен» 등의 문장에는 동사가 없다고 생각합니다. 하지만 여러분도 알고 있는 것처럼, 이것은 быть 동사의 현재형이라 할 есть가 생략되어 있기 때문에 보이지 않는 것일 뿐 동사가 없는 문장이라고 말할 수는 없습니다. 원래 고대 러시아어에서는 быть 동사의 현재형도 사용되었는데 시간이 흐르며 생략된 것입니다. 과거형과 미래형 문장에서는 быть 동사의 과거형, 미래형이 사용됩니다.

- Раньше брат был экономистом.
  예전에 형은 경제학자였다.
- Скоро брат окончит университет и будет экономистом.
  형은 곧 대학을 졸업하고 경제학자가 될 것이다.
- Вчера на улице было холодно.
  어제 밖이 추웠다.
- Завтра на улице будет холодно.
  내일 밖이 추울 것이다.
- Вчера отец был свободен.
  어제 아버지는 한가했다.
- Завтра отец будет свободен.
  내일 아버지는 한가하실 것이다.

아래의 문장들을 읽으며 단어미 형용사가 현재, 과거, 미래시제에서 быть 동사와 어떻게 결합하는지 살펴보세요.

현재시제	Сейчас папа свободен. 지금 아빠는 한가하다. Мама свободна. 엄마는 한가하다. Студенты свободны. 학생들은 한가하다. Место свободно. 자리가 비어있다.
과거시제	Вчера папа был свободен . 어제 아빠는 한가하셨다. Мама была свободна. 엄마는 한가하셨다 Студенты были свободны. 학생들은 한가했다. Место было свободно. 자리가 비어있었다.
미래시제	Завтра папа будет свободен. 내일 아빠는 한가하실 거야. Мама будет свободна. 엄마는 한가할 거야. Студенты будут свободны. 학생들은 한가할 것이다. Место будет свободно. 자리가 비어있을 것이다.

연습문제 3 주어진 단어미 형용사를 사용하여 정확한 문장을 써보세요. 필요한 경우 быть 동사를 사용하세요.

❶ (красива)
Вчера у Анны был день рождения, поэтому она _____.

❷ (заняты)
Мы завтра _____.

❸ (рады)
Сейчас дети смеются, они очень _____, что мама купила им игрушки.

❹ (довольна)
Сегодня вечером я подарю сестре красивую блузку, я думаю, что она _____.

❺ (грустна)
София получила неприятное письмо, поэтому вчера весь день _____.

❻ (болен)
Сегодня Антон _____, поэтому он пьёт лекарство.

❼ (правы)
Вчера вы _____, Антон изучал английский язык не в Америке, а в Канаде.

MEMO

제 4 과 단어미 형용사 II

A МАЛ, -А, -О, -Ы / ВЕЛИК, -А, -О, -И

러시아인들은 단어미 형용사보다 장어미 형용사를 훨씬 자주 사용합니다. 따라서 실제 회화에서 적극적으로 사용되는 단어미 형용사의 수는 매우 제한적입니다. 대신 그 제한된 단어미 형용사는 널리 사용되기 때문에 잘 알아 두어야 합니다. 이 과에서는 널리 쓰이는 단어미 형용사들과 그 활용을 하나하나 살펴보도록 하겠습니다.

여러분은 이미 мал, -а, -о, -ы / велик, -а, -о, -и라는 단어미 형용사를 언제 사용하는지 알고 있습니다. 장어미 형용사 маленький와 большой에서 나온 이 단어미 형용사들은 옷이나 신발의 크기를 이야기할 때 사용됩니다. 구문은 다음과 같습니다.

구문 1	кому? 누구에게	велик/мал 크다/작다	что? 무엇이

- Саше мал этот свитер. 사샤에게 이 스웨터가 작네.
- Брату велика рубашка. 형에게 이 셔츠가 크네.
- Мне малы эти чёрные туфли. 나에게 이 검은 구두가 작네.

> ⚠️ **주의하세요**

> ### МАЛ, -А, -О, -Ы И ВЕЛИК, -А, -О, -И는 의복에만 사용

> 단어미 형용사 мал, -а, -о, -ы и велик, -а, -о, -и는 의복에만 사용됩니다. 다른 경우에는 장어미 형용사를 사용해야 합니다.

> - маленький / большой город (университет, самолёт, мальчик…)
>   작은/큰 도시(대학, 비행기, 소년…)
> - маленькая / большая страна (школа, девочка…)
>   작은/큰 나라(학교, 소녀…)
> - маленькое / большое озеро (окно, яблоко…)
>   작은/큰 호수(창, 사과…)
> - маленькие / большие часы (глаза, дети…)
>   작은/큰 시계(눈, 아이들…)

연습문제 1 예를 보고 주어진 단어로 문장을 만들어 보세요.

예시 сестра, блузка, мал → Сестре блузка мала.

① брат, брюки, велик → _____.

② Наташа, юбка, велик → _____.

③ Света, туфли, мал → _____.

④ дедушка, рубашка, мал → _____.

⑤ бабушка, пальто, велик → _____.

Б   ПРАВ, -А, -Ы / НЕ ПРАВ, -А, -Ы

прав, -а, -ы / не прав, -а, -ы는 누가 '옳다', '그르다' 할 때 사용됩니다.

- Таня, ты права, Софья изучает корейский язык 5 месяцев.
  타냐, 네 말이 맞아. 소피야는 5개월째 한국어를 배우고 있어.
- Олег, ты не прав, Софья изучает корейский язык не 5 лет, а 5 месяцев.
  올렉, 네 말이 틀려. 소피야는 5년이 아니라 5개월째 한국어를 배우고 있어.

연습문제 2 주어진 대화문을 읽고 주어진 대화 상대자에게 먼저 a) 상대방이 옳다고 답하고, b) 이어 상대방이 그르다고 답해보세요.

> **예시**   Антон хорошо сдал экзамен.
> a) Да, ты прав(а),   b) Нет, ты не прав(а).
> он получил «5».   Он получил «3».

❶ Максим любит Веру.

    a) _____ .   b) _____ .

❷ Маше трудно изучать русский язык.

    a) _____ .   b) _____ .

❸ Анна – очень красивая девушка.

    a) _____ .   b) _____ .

B. СОГЛАСЕН, СОГЛАСНА, -Ы / НЕ СОГЛАСЕН, СОГЛАСНА, -Ы

согласен, согласна, -ы / не согласен, согласна, -ы는 상대방의 말이나 의견에 동의하거나 동의하지 않을 때 사용합니다. 주어진 단어미 형용사 활용을 기억하세요.

구문 1

кто?	(не) согласен	с кем? - с чем?
누가?	동의한다(하지 않는다)	~와

- Я согласна с тобой, Мила хорошо говорит по-корейски.
  나는 너와 동의해. 밀라는 한국어를 잘 해.
- Мы не согласны с мнением Сергея. 우리는 세르게이의 의견과 동의하지 않는다.

구문 2

кто?	(не) согласен	(с кем?), что...
누가?	동의한다(하지 않는다)	~와 что 이하의 일에 대하여

- Я согласен (с тобой), что Миша не сможет сделать этот проект один, ему нужна помощь.
  나는 미샤가 혼자 이 프로젝트를 끝낼 수 없을 거라는 점에 대해 너와 동의한다. 그는 도움이 필요해.

연습문제 3 주어진 예를 보고 a)와 b) 두 가지로 답 문장을 만들어 보세요.

예시

Нина: Я думаю, что самый трудный язык – русский.
Иван:
а) Я согласен с тобой.
б) Я согласен, что самый трудный язык – русский.

Нина: Я думаю, что самый трудный язык – русский.
Иван:
а) Я не согласен с тобой. / Я не согласен, что самый трудный язык – русский.
б) Я не согласен с тобой, я думаю, что самый трудный язык – китайский.

❶ Нина: Наши студенты не хотят учиться, они хотят только отдыхать.

Иван: а) _____.

b) _____.

❷ Нина: Я думаю, что Петербург - самый красивый русский город.

Иван: a) _____ .

　　　 b) _____ .

❸ Нина: Я думаю, что Ирине не надо выходить замуж за Бориса.

Иван: a) _____ .

　　　 b) _____ .

Г　РАД, -А, -Ы / НЕ РАД, -А, -Ы

рад, -а, -ы / не рад, -а, -ы는 '기쁘다', '기쁘지 않다'를 표현할 때 사용합니다. 아래의 구문과 예문을 익혀보세요.

| 구문 1 | кто?
누가? | рад, -а,-ы
기쁘다 | кому? чему?
~에게, ~에 |

| 구문 2 | кто?
누가? | рад, -а,-ы
기쁘다 | за кого?
~로 인하여 |

- Антон нашёл хорошую работу, мы рады за него.
  안톤이 좋은 직장을 찾았어. 우리는 그로 인하여(그가 거둔 성공으로 인하여) 기쁘다.

| 구문 3 | кто?
누가? | рад, -а,-ы
기쁘다 | + 동사원형
동사원형의 사실에 대해 |

- Я рад видеть вас / тебя. 당신/너를 보게 되어 기쁘다.
- Я рад слышать вас / тебя. (전화통화 시) 당신(너)의 목소리를 듣게 되어 기쁘다.
- Я рада познакомиться с вами. 당신과 알게 되어 기쁘다.

구문 4	кто?	рад(-а,-ы), что...
	누가?	что 이하의 일이 기쁘다
	кто?	будет рад(-а,-ы), если...
	누가?	если 절의 일이 일어난다면 기쁠 것이다.

- Я рад, что получил «пять» по физике.
  물리에서 5점을 받아서 기쁘다.
- Завтра экзамен по физике. Я буду рад, если получу «пять».
  내일 물리 시험이 있다. 만일 5점을 받게 되면 나는 기쁠 것이다.

연습문제 4 주어진 예를 보고 현재, 과거, 미래시제의 문장을 만들어 보세요.

A)

> 예시 (встреча с друзьями)
> 현재 Анна ~ → Анна рада встрече с друзьями.
> 과거 Юрий ~ → Юрий был рад встрече с друзьями
> 미래 Мы ~ → Мы будем рады встрече с друзьями

❶ (поездка в Россию)

현재 Студенты ~ → _____.

❷ (этот подарок)

미래 Я думаю, что сестра ~ → _____.

❸ (письмо от Павла)

과거 Мила ~ → _____.

Б)

> **예시** Ваня получил «пять», сестра ~
> → Ваня получил «пять», сестра рада за него.

❶ Вадим поступил в хороший университет, Наташа ~

→ _____.

❷ Наши футболисты заняли первое место, мы ~

→ _____.

❸ После операции дедушка чувствует себя очень хорошо, все родственники ~

→ _____.

단어 родственник 친척

В)

> **예시** Студенты хорошо написали тест. Профессор ~
> → Профессор рад, что студенты хорошо написали тест.

❶ Папа купил игрушки. Сын ~

→ _____.

❷ Наступили каникулы. Школьники ~

→ _____.

❸ В наш университет приехали русские студенты. Мы ~

→ _____.

г)

> 예시
>
> Младший брат будет рад, если ~
> → Младший брат будет рад, если ты подаришь ему велосипед.
>
> Если ~, он будет рад.
> → Если ты подаришь младшему брату велосипед, он будет рад.

❶ Родители будут рады, если → _____.

❷ Сестра будет рада, если → _____.

❸ Дедушка будет рад, если → _____.

❹ Если _____, они будут рады.

❺ Если _____, я буду рад.

Д ДОВОЛЕН, ДОВОЛЬНА, -Ы / НЕ ДОВОЛЕН, ДОВОЛЬНА, -Ы

доволен, довольна, -ы / не доволен, довольна, -ы는 '만족한다/만족하지 않는다'라는 뜻으로 단어미형으로 널리 사용됩니다. 만족하는 대상을 표현할 때 명사이면 조격 명사가 오고, 또 접속사 что를 사용하여 뒤에 문장을 동반할 수도 있습니다. 아래의 구문을 꼼꼼히 익혀보세요.

| 구문 1 | кто? 누가? | доволен 만족하다 | кем? чем? (누구/무엇)에 |

- Иван Николаевич (не) доволен своим сыном.
  이반 콜라예비치는 자기 아들에게 만족한다.
- Ольга довольна своей работой.
  올가는 자기의 일에 만족한다.

| 구문 2 | кто? 누가? | доволен, что~ что 이하의 내용에 만족하다 |

- Андрей доволен, что нашёл хорошую работу.
  안드레이는 좋은 일을 찾았다는 것에 만족한다.

연습문제 5 주어진 예를 보고 문장을 만들어 보세요.

> **예시**
> (зарплата) Папа ~ → Папа доволен зарплатой.
>
> (работать в «Самсунге») Сестра ~
> → Сестра довольна, что работает в «Самсунге».

❶ (своя жизнь) Родители ~

→ _____.

❷ (переехать в новую квартиру) Наша семья ~

→ _____.

❸ (хорошо говорить по-русски) Студенты ~

→ _____.

❹ (отпуск на Чеджу) Дедушка ~

→ _____.

단어 зарплата 월급 | переехать 이사하다

Е   СЧАСТЛИВ, СЧАСТЛИВА, СЧАСТЛИВЫ

счастлив, счастлива, счастливы는 '행복하다'는 뜻으로, 역시 단어미형으로 매우 자주 사용됩니다. 아래의 구문을 익히고 문장을 만들어 봅시다.

> **구문 1**   кто?   счастлив, что
> 누가?   что 이하의 사실이 기쁘다, 행복하다.

- Брат счастлив, что получил «5».
  오빠는 5점을 받았다는 것이 행복하다.

연습문제 6   완성되지 않은 문장을 마무리해 보세요.

❶ Дети счастливы, что ~

  → _____ .

❷ Отец счастлив, что ~

  → _____ .

❸ Мама счастлива, что ~

  → _____ .

Ё   СВОБОДЕН, СВОБОДНА, СВОБОДНЫ / ЗАНЯТ, ЗАНЯТА, ЗАНЯТО, ЗАНЯТЫ

свободен, свободна, свободны는 '자유롭다/비어있다'라는 뜻으로 형용사 단어미형인데 반해, занят, занята, занято, заняты는 '바쁘다/채워져있다'는 뜻으로 형동사의 단어미형입니다. 품사가 다른 단어들이지만 함께 배우는 것은 이 두 단어가 종종 반대말로 사용되기 때문입니다.

- - Ты свободен? 너 시간 있어?
  - Нет, я занят. 아니, 나 바빠.

연습문제 7 형용사 단어미형 свободен, -а, -о, -ы와 형동사 단어미형 занят, занята, заняты를 사용하여 질문에 답해보세요. 필요한 경우 быть 동사를 사용하세요.

> **예시**
> - Олег, почему ты вчера вечером не ходил в театр?
> - Потому что вчера я <u>был занят</u>.

❶ - На прошлой неделе мы ездили на экскурсию. Почему ты не ездил с нами?

  - Потому что _____.

❷ - Марина, завтра ты пойдёшь на выставку?

  - а) Да, завтра _____.

  - б) Нет, завтра _____.

❸ - Сейчас у тебя есть свободное время?

  - а) Да, сейчас _____.

  - б) Нет, сейчас _____.

❹ - Анна Ивановна, завтра помогите, пожалуйста, мне перевести текст.

  - а) Хорошо, завтра _____.

  - б) Извините, завтра _____.

❺ - У тебя сейчас есть дела?

  - а) Да, сейчас я _____.

  - б) Нет, сейчас я _____.

❻ - Антон, почему вчера ты не позвонил Наташе и не поздравил её с днём

  - рождения? _____.

Ж БОЛЕН, БОЛЬНА, БОЛЬНЫ / ЗДОРОВ, ЗДОРОВА, ЗДОРОВЫ

болен, больна, больны / здоров, здорова, здоровы는 '아프다', '건강하다'는 뜻으로 사용됩니다. 여러분은 이미 '아프다'는 뜻의 동사 'болеть (я болею, ты болеешь, они болеют) – заболеть'를 알고 있습니다.

- Я болею. Я болею гриппом.
  나는 아프다. 나는 독감을 앓고 있다.
- Маша не пришла на лекцию, она заболела.
  병이나서 마샤는 수업에 못왔다.
- Маша не пришла на лекцию, она заболела гриппом.
  독감에 걸려서 수업에 못왔다.

> ⚠ 주의하세요
>
> ### У МЕНЯ БОЛИТ ГОЛОВА.
>
> болеть 동사의 쓰임과 'У кого болит что?' 구문을 혼동하면 안됩니다.
>
> - У меня болит живот / голова / горло. 나는 배가/머리가/목이 아프다.
> - У дедушки болят ноги. 할아버지는 다리가 아프시다.

단어미 형용사 болен, больна, больны의 의미는 동사 'болеть – заболеть 아프다, 병이 나다'의 의미와 유사합니다.

- Наташа болеет (заболела). 나타샤가 아프다(병이 났다).
- Наташа больна. 나타샤가 아프다.
- Наташа болеет (заболела) гриппом. 나타샤가 감기로 아프다(감기에 걸렸다).
- Наташа больна гриппом. 나타샤가 감기에 걸렸다.
- Вчера Наташа болела. (=сегодня не болеет.) 어제 나타샤는 아팠었다.
- Вчера Наташа была больна. (= сегодня не больна.) 어제 나타샤는 아팠었다.

연습문제 8 형용사 단어미형 болен / здоров를 사용하여 질문에 답하세요.

> 예시
> - Сегодня дедушка чувствует себя хорошо?
> - Нет, он болен. / - Да, он здоров.

❶ - Почему дети вчера не ходили в школу?

\- _____ .

❷ - Мама до сих пор болеет?

- Нет, _____ .

❸ - Иван, почему ты не хочешь пойти вечером в бассейн?

\- _____ .

❹ - Вчера профессор был болен, а сегодня?

- А сегодня _____ .

❺ - Лариса, я слышал, что тебя вчера не было в университете, что случилось?

\- _____ .

3 ГОЛОДЕН, ГОЛОДНА, ГОЛОДНЫ

голоден, голодна, голодны는 '배고프다'라는 형용사 голодный의 단어미형입니다.

연습문제 9 형용사 단어미형 не голоден, не голодна를 사용하여 주어진 질문에 답하세요.

❶ - Маша, почему ты не ешь?

   - _____.

❷ - Виктор, почему ты не хочешь обедать?

   - _____.

❸ - Дедушка, почему ты не ужинаешь?

   - _____.

> ⚠️ **주의하세요**
>
> ### Я ХОЧУ ЕСТЬ. / Я НЕ ХОЧУ ЕСТЬ.
>
> 형용사 단어미형 (не) голоден, (не) голодна는 주로 격식을 갖춘 상황에서 많이 사용합니다. 일상적인 상황에서 배고픔을 표현할 때는 아래의 두 가지 표현을 더 많이 사용합니다.
>
> - Я голодный. / Я не голодный. 배고파./ 배고프지 않아.
> - Я хочу есть. / Я не хочу есть. 먹고 싶어./ 먹고 싶지 않아.

И ПОХОЖ, ПОХОЖА, ПОХОЖЕ, ПОХОЖИ

похож, похожа, похоже, похожи는 '닮은'을 뜻하는 형용사 **похожий**의 단어미형입니다. 주로 사람에 대해 사용하지만, 불활성명사들에 대해서도 사용할 수 있습니다. 이 단어미 형용사의 중성 어미는 **-е**입니다. 주의하세요!

구문 1	кто? 누가?	похож 닮았다	на кого? - на что? 누구와/무엇과

- Сын похож на маму.
  아들은 엄마를 닮았다.

- Дети похожи на отца.
  아이들은 아버지를 닮았다.

- Я думал, что Виктор и Антон братья, потому что они очень похожи.
  나는 그들이 매우 닮았기 때문에 빅토르와 안톤이 형제라고 생각했다.

- Брат и сестра очень похожи = Брат с сестрой очень похожи.
  남매가 아주 닮았다.

- Эти девушки похожи, как сёстры.
  이 아가씨들은 자매처럼 닮았네.

- На этой улице все дома похожи.
  이 거리의 모든 집들이 닮았다.

- Озеро похоже на большое зеркало.
  호수는 큰 거울과 닮았다.

연습문제 10 주어진 질문에 답하세요.

❶ - На кого вы похожи?

  - _____ .

❷ - Вы с братом (с сестрой) похожи?

  - а) Да, мы _____ .

   б) Нет, мы _____ .

❸ - Как ты думаешь, Света и Наташа похожи?

  - а) Да, _____ .

   б) Нет, _____ .

❹ - На что похож этот камень?

  - _____ .

| **К** | **ПОЛЕЗЕН, ПОЛЕЗНА, ПОЛЕЗНО, ПОЛЕЗНЫ / ВРЕДЕН, ВРЕДНА, ВРЕДНО, ВРЕДНЫ** |

полезен, полезна, полезно, полезны는 '유용하다'를 뜻하는 형용사 '**полезный**'의 단어미형이고, вреден, вредна, вредно, вредны는 '해롭다'는 뜻의 형용사 '**вредный**'의 단어미형입니다. 이 역시 매우 널리 사용되는 단어미형 형용사입니다.

구문 1

что?	полезно / вредно	кому? - чему? для кого? - для чего?
무엇이?	유용하다/해롭다	누구에게?/무엇에? 누구를?/무엇을 위하여?

- Овощи и фрукты полезны всем людям.
  야채와 과일은 모든 사람들에게 유익하다.
- Витамины полезны всему организму.
  비타민은 모든 몸의 조직에 유익하다.
- Кофе вреден для детей.
  커피는 아이들에게 해롭다.
- Курение вредно для здоровья.
  흡연은 건강에 해롭다.

연습문제 11 형용사 단어미형 ПОЛЕЗЕН / ВРЕДЕН을 사용하여 문장을 완성해 보세요.

❶ Спорт _____.

❷ Это лекарство _____.

❸ Советы отца _____.

❹ Алкоголь _____.

❺ Этот климат _____.

단어 климат 기후

MEMO

제 5 과 형용사와 부사의 비교급

A 형용사의 비교급

여러분은 이미 형용사 비교급에 관하여 알고 있습니다(《러시아어 첫걸음 2》 16과 160쪽 참조). 먼저 이미 알고 있는 비교급 문법을 복습해 보고 이어 비교급에 관한 새로운 사항들을 익혀봅시다.

형용사의 비교급은 두 개의 대상을 비교할 때 사용됩니다.

- Анна и Света. Кто красивее? 안나와 스베타. 누가 더 예뻐?
- Россия и Китай. Какая страна больше? 러시아와 중국. 어떤 나라가 더 커?
- Москва и Сеул. Где холоднее? 모스크바와 서울. 어디가 더 추워?

여러분이 이미 알고 있는 것처럼, 비교급에는 단순형 비교급과 복합형 비교급이 있습니다. 단순형 비교급은 형용사 자체의 어미를 바꾸어 만들고, 복합형 비교급은 형용사에 более나 менее를 더하여 만듭니다. 단순형 비교급은 구어, 문어 모두에서 널리 사용되는 반면, 복합형 비교급은 주로 문어에서만 사용됩니다.

단순형 비교급(접미사 -ee, -e)	복수 более(더), менее(덜) + 장어미 형용사
① 접미사 –ее весёлый 명랑한 – веселее радостный 기쁜 – радостнее интересный 재미있는 – интереснее вкусный 맛이 있는 – вкуснее	весёлый – более весёлый / менее весёлый радостный – более / менее радостный интересный – более / менее интересный вкусный – более /менее вкусный
② 접미사 –е д//ж молодой 젊은 – моложе г//ж дорогой 비싼 – дороже к//ч яркий 선명한 – ярче т//ч крутой 가파른 – круче ст//щ чистый 깨끗한 – чище х//ш тихий 조용한 – тише	молодой – более / менее молодой дорогой – более / менее дорогой яркий – более / менее яркий крутой – более / менее крутой чистый – более / менее чистый тихий – более / менее тихий

3 불규칙 비교급

хоро́ший 좋은 – лу́чше
плохо́й 나쁜 – ху́же
большо́й 큰 – бо́льше
ма́ленький 작은 – ме́ньше
ни́зкий 낮은 – ни́же
высо́кий 높은 – вы́ше
широ́кий 넓은 – ши́ре
у́зкий 좁은 – у́же
бли́зкий 가까운 – бли́же
далёкий 먼 – да́льше
ре́дкий 드문 – ре́же
по́здний 늦은 – по́зже, поздне́е
дешёвый 싼 – деше́вле
ста́рший 나이가 더 많은 – ста́рше
мла́дший 나이가 더 어린 – мла́дше
сла́дкий 달콤한 – сла́ще
го́рький 쓴 – го́рше
глубо́кий 깊은 – глу́бже

хороший более / менее хороший
плохой – более / менее плохой
большой – 없음
маленький – 없음
низкий – более / менее низкий
высокий – более / менее высокий
широкий – более / менее широкий
узкий – более / менее узкий
близкий – более / менее близкий
далёкий – более / менее далёкий
редкий – более / менее редкий
поздний – более / менее поздний
дешёвый – более / менее дешёвый
старший – 없음
младший – 없음
сладкий – более / менее сладкий
горький – более / менее горький
глубокий – более / менее глубокий

4 по+단순형 비교급

(побольше, поменьше, получше, похуже, почаще, пореже, пораньше, попозже 등): 좀 더~

💬 구어에서는 종종 단순형 비교급 앞에 접두사 по-를 붙여 사용합니다. по-가 붙으면 한국어로는 '좀 더~' 정도의 뉘앙스가 더해집니다.

- Новый дом, в который мы вчера переехали, побольше и получше, чем старый.
  우리가 어제 이사한 새집은 이전 집보다 좀 더 크고 좀 더 좋다.
- Это пальто слишком короткое, мне нужно (пальто) подлиннее.
  이 코트는 너무 짧다. 나에게는 좀 더 긴 코트가 필요하다.

> ⚠ **주의하세요**

비교급 관련 유의사항

1. 형용사 большой, маленький, старший, младший로는 복합형 비교급을 만들지 않습니다.
2. 복합형 비교급은 более나 менее를 더해 만들어집니다. 이를 больше / меньше와 혼동하면 안 됩니다. 종종 «Анна больше красивая, чем Нина.*»라고 쓰는 것을 보게 되는데 이것은 비문입니다. «Анна более красивая, чем Нина.»가 올바른 문장입니다.
3. более나 менее는 장어미형 형용사와만 결합합니다. 예를 들어 «Река Волга более глубже, чем Дон.*»은 비문입니다. «Река Волга более глубокая, чем Дон.»이 바른 문장입니다.

연습문제 1 아래의 형용사들로 비교급을 만들어 보세요.

원급	비교급	원급	비교급
добрый		простой	
лёгкий		трудный	
быстрый		яркий	
сильный		слабый	
строгий		полезный	
вредный		частый	
длинный		свободный	
большой		крепкий	

Б 형용사 비교급 구문

단순형 비교급 구문 모델은 아래와 같습니다. 여러분이 알고 있는 것처럼 이때 비교 대상이 생격형으로 오기도 하고, 'чем(~보다)' 뒤에 오기도 하고, 때로는 'по сравнению с + 조격 (누구/무엇과 비교하여)'과 같이 오기도 합니다.

- **Анна красивее Ларисы.** 안나는 라리사보다 예쁘다.
- **Анна красивее, чем Лариса.** 안나는 라리사보다 예쁘다.

- Анна красивее по сравнению с Ларисой. 안나는 라리사와 비교하여 더 예쁘다.
- Лариса красивая, а Анна ещё красивее. 라리사는 아름답지만, 안나는 더 아름답다.

복합형 비교급 구문 모델은 아래와 같습니다.

- В этом году стипендия более высокая, чем в прошлом году.
  올해는 장학금이 작년보다 더 높다(많다).
- В этом году стипендия более высокая по сравнению с прошлым годом.
  올해는 작년과 비교하여 장학금이 더 높다(많다).

단어 по сравнению с + 조격: ~과 비교하여 | стипендия 장학금

연습문제 2 주어진 단어들로 비교급 문장들을 만들되, 먼저 단순형 비교급 문장으로, 이어 복합형 비교급 문장으로 만들어 보세요.

예시
(умный) Сергей - Женя
а) 단순형 비교급: Сергей умнее Жени.
Сергей умнее, чем Женя.
Сергей умнее по сравнению с Женей.
Женя умный, а Сергей ещё умнее.

б) 복합형 비교급: Сергей более умный, чем Женя.
Сергей более умный по сравнению с Женей.

❶ (высокий) Дима – Антон

а)

б)

❷ (вкусный) мясо – рыба

　　а) _____

　　б) _____

❸ (трудный) экзамен в школе – экзамен в университете

　　а) _____

　　б) _____

또 한 가지 유념할 것이 있습니다. 복합형 비교급 형용사는 격변화를 합니다. 이때 **более, менее**는 변하지 않고 형용사만 격변화 합니다. 지금까지 우리는 주격으로 사용되는 복합형 비교급 형용사의 예만을 보았는데, 다음과 같은 예문도 가능합니다.

생격
Петербург – замечательный город, я думаю, что в России нет более красивого города.
페테루부르크는 멋진 도시입니다. 내 생각에 러시아에 그보다 더 아름다운 도시는 없습니다.

여격
Молодой врач не смог поставить диагноз, завтра я пойду к более опытному врачу.
젊은 의사가 진단을 내리지 못해서 내일 나는 더 경험이 있는 의사에게 갑니다.

대격
В этом году мы изучаем более / менее сложную программу, чем в прошлом (году).
올해 우리는 작년보다 더 복잡한 프로그램을 공부한다.

전치격
Мне не нравится эта работа. Я мечтаю о более интересной работе.
나는 이 일이 싫다. 나는 더 재미있는 일에 대하여 꿈꾼다.

B 비교급 강조: НАМНОГО / ГОРАЗДО / ЗНАЧИТЕЛЬНО

비교되는 대상 사이의 큰 차이를 강조할 때는 부사 **намного, гораздо, значительно**를 사용합니다. 이 중 **значительно**의 경우는 구어에서 보다는 공식적인 문건이나 학술적인 글에서 많이 사용됩니다.

- Сергей намного выше Ивана.
- Сергей намного выше, чем Иван.
- Сергей намного выше по сравнению с Иваном.
  세르게이는 이반보다 훨씬 키가 크다.

- В Пусане климат гораздо теплее, чем в Сеуле.
- В Пусане климат гораздо теплее по сравнению с Сеулом.
  부산의 기후는 서울보다 훨씬 따뜻하다.

- В этом году зарплата сотрудников банка значительно выше, чем в прошлом (году).
- В этом году зарплата сотрудников банка значительно выше по сравнению с прошлым (годом).
  올해 은행 직원들의 임금은 작년보다 훨씬 높다.

연습문제 3 비교급 강조부사 намного, гораздо, значительно를 사용하여 비교급 문장을 만들어 보세요.

> **예시** (высокий) Сергей – Иван
> Сергей гораздо выше Ивана.
> Сергей намного выше, чем Иван.
> Сергей значительно выше по сравнению с Иваном.

❶ (большой) Сеул – Сувон

❷ (широкий) Волга – Дон

❸ (трудный) русский язык – английский язык

❹ (способный) Катя – Света

_____

_____

❺ (хороший) старый дом – новый дом

_____

_____

_____

> ⚠️ **주의하세요**
>
> ### 비교급 강조: НАМНОГО vs. ЕЩЁ
>
> - Лена намного красивее Веры. 레나는 베라보다 훨씬 아름답다.
> - Анна красивая, а Маша ещё красивее. 안나는 아름답지만, 마샤는 더 아름답다.
>
> 비교급을 강조하는 부사로 쓰이는 намного와 ещё는 그 의미 차가 큽니다. намного의 의미는 '훨씬 더'의 뜻으로 비교 대상간의 차이가 매우 크다는 것을 보여주는 반면, ещё가 강조하는 차이는 근소한 편입니다.

Г 부사의 비교급

여러분이 알고 있는 것처럼 형용사가 명사를 수식하거나 서술한다면, 부사는 일차적으로 동사를 수식합니다.

형용사	부사
• Анна – <u>красивая</u> девушка. 안나는 아름다운 아가씨다. • Виктор – <u>хороший</u> студент. 빅토르는 좋은 학생이다.	• Анна <u>красиво</u> танцует. 안나는 아름답게 춤춘다. • Виктор <u>хорошо</u> учится. 빅토르는 공부를 잘 한다.

부사의 비교급에도 단순형 비교급과 복합형 비교급이 있습니다.

부사의 단순형 비교급은 형용사의 단순형 비교급과 같습니다.

	원급	비교급
형용사	красивый	красивее
부사	красиво	

부사의 복합형 비교급은 형용사의 경우와 마찬가지로 более / менее와 결합하여 만들어지지만, 당연히 более / менее 뒤에 형용사가 아니라 부사가 오게 됩니다.

	원급	비교급
형용사	красивый	более красивый менее красивый
부사	красиво	более красиво менее красиво

아래의 예문들을 보고 부사의 단순형 비교급과 복합형 비교급을 사용할 다양한 예문들을 익혀보세요.

단순형 비교급

- Анна танцует красивее Ларисы.
  안나는 라리사보다 예쁘게 춤을 춘다.
- Анна танцует красивее, чем Лариса.
  안나는 라리사보다 예쁘게 춤을 춘다.
- Анна танцует красивее по сравнению с Ларисой.
  안나는 라리사와 비교해볼 때 더 예쁘게 춤을 춘다.
- Лариса танцует красиво, а Анна ещё красивее.
  라리사는 예쁘게 춤을 추지만 안나는 더 예쁘게 춤을 춘다.

복합형 비교급

- Анна танцует более / менее красиво, чем Лариса.
  안나는 라리사보다 더 예쁘게/덜 예쁘게 춤을 춘다.
- Анна танцует более / менее красиво по сравнению с Ларисой.
  안나는 라리사와 비교해 볼 때 더 예쁘게/덜 예쁘게 춤을 춘다.

| 연습문제 4 | 주어진 동사와 부사를 가지고 단순형 비교급 문장과 복합형 비교급 문장을 만들어 보세요.

| 예시 | учиться хорошо

단순형 비교급

Маша учится лучше Нади.

Маша учится лучше, чем Надя.

Маша учится лучше по сравнению с Надей.

Надя учится хорошо, а Маша ещё лучше.

복합형 비교급

Маша учится более хорошо, чем Надя.

Маша учится более хорошо по сравнению с Надей.

❶ петь громко

단순형 비교급

복합형 비교급

❷ говорить медленно

단순형 비교급

복합형 비교급

❸ ходить быстро
단순형 비교급

복합형 비교급

❹ вставать рано
단순형 비교급

복합형 비교급

❺ проводить время интересно
단순형 비교급

___

___

___

___

복합형 비교급

___

___

___

Д 다양한 비교급 구문: 시간과 장소

이번에는 형용사와 부사의 비교급 구문을 시간에 따른 비교와 장소에 따른 비교로 나누어 익혀봅시다.

먼저, 시간에 따른 비교구문을 봅시다. 예를 들어, 같은 과일의 가격을 작년의 가격과 올해의 가격으로 나누어 비교해 봅시다. 어떻게 표현할 수 있을까요? 아래에 주어진 단어들로 비교급 구문을 만들어 봅시다.

дорогой, фрукты в этом году – фрукты в прошлом году

단순형 비교급

❶ **Фрукты в этом году дороже фруктов в прошлом году.***
이 문장에 문법적 오류는 없으나 원어민들은 이 경우 생격형 비교급 문장을 사용하지 않습니다.

❷ **Фрукты в этом году дороже, чем в прошлом (году).**
올해 과일이 작년과 비교하여 더 비싸다.

💬 학생들 중에는 «Фрукты в этом году дороже, чем фрукты в прошлом году*» 와 같은 비교급 문장을 만드는 학생들도 있는데 원어민들은 이럴 때 фрукты란 단어도, год라는 단어도 반복해서 사용하지 않고 생략합니다.

❸ Фрукты в этом году дороже по сравнению с прошлым (годом).
올해 과일이 작년과 비교하여 더 비싸다.

💬 이 경우에도 종종 «Фрукты в этом году дороже по сравнению с фруктами в прошлом году*»라고 쓰는 학생들이 있는데, фрукты라는 단어도, года라는 단어도 반복해서 사용하지 않습니다.

❹ В прошлом году фрукты были дорогими, а в этом году ещё дороже.
작년에 과일이 비쌌는데, 올해는 더 비싸다.

복합형 비교급

❶ В этом году фрукты более дорогие, чем в прошлом (году).
올해 과일은 작년보다 더 비싸다.

❷ В этом году фрукты более дорогие по сравнению с прошлым (годом).
올해 과일은 작년과 비교하여 더 비싸다.

위의 예문들에서 본 것처럼 시기를 중심으로 같은 대상을 비교하는 일은 아주 자주 있는 일이기 때문에 이 구문들을 정확하게 익혀 두는 것이 매우 중요합니다. 이와 연관된 다른 예문들도 읽어봅시다.

- В этом семестре Сергей занимается больше, чем в прошлом (семестре).
이번 학기에 세르게이는 지난 학기보다 더 많이 공부한다.

- В 2019 году доходы нашей фирмы были ниже (были более низкими), чем в 2020 [в две тысячи двадцатом]((году) / по сравнению с 2020 [с две тысячи двадцатым](годом).
2019년에 우리 회사의 수입은 2020년보다(2020년과 비교하여) 더 낮았다.

- В следующем семестре плата за общежитие будет выше (более высокой), чем в этом (семестре).
다음 학기에 기숙사비는 이번 학기보다 오를 것이다.

- В следующем семестре плата за общежитие будет выше (более высокой), по сравнению с этим (семестром).
다음 학기에 기숙사비는 이번 학기와 비교하여 더 오를 것이다.

이번에는 공간을 중심으로 같은 대상을 비교하는 문장을 만들어 봅시다. 예를 들어, 어떤 채소가 시장과 상점에서 다른 가격으로 팔리고 있다고 가정해 봅시다. ≪시장에서 파는 오이가 상점에서 파는 것보다 싸다!≫ 이런 문장은 아주 자주 사용되는 문장이겠지요? 아래의 단어들을 가지고 단순형 비교급 문장과 복합형 비교급 문장을 만들어 봅시다.

дешёвый, овощи на рынке / овощи в магазине

단순형 비교급

❶ Овощи на рынке дешевле овощей в магазине.*
이 문장에 문법적 오류는 없으나 러시아 사람들은 이 경우 생격형 비교급 문장을 사용하지 않습니다.

❷ Овощи на рынке дешевле, чем в магазине.
시장에서 파는 채소가 상점에서 파는 것보다 싸다.

> 학생들은 종종 «Овощи на рынке дешевле, чем овощи в магазине*»와 같이 비교급 문장을 만드는데, 원어민들은 이런 경우 овощи를 두 번 사용하지 않습니다.

❸ Овощи на рынке дешевле по сравнению с магазином.
시장에서 파는 채소가 상점과 비교해보면 더 싸다.

> 학생들은 종종 «Овощи на рынке дешевле по сравнению с овощами в магазине*»와 같이 비교급 문장을 만드는데, 원어민들은 이런 경우 овощи를 두 번 사용하지 않습니다.

복합형 비교급

❶ Овощи на рынке более дешёвые, чем в магазине.
시장에서 파는 채소가 상점에서 파는 것보다 더 싸다.

❷ Овощи на рынке более дешёвые по сравнению с магазином.
시장에서 파는 채소가 상점에서 파는 것과 비교하여 더 싸다.

역시 자주 사용되는 비교급 구문이므로 다른 예문들도 읽고 익혀보세요.

- Жизнь в Сеуле дороже (более дорогая), чем в Тэджоне / по сравнению с Тэджоном.
서울에서의 생활이 대전에서 보다/대전과 비교하여 더 비싸다.

- Экзамены в школе легче (более лёгкие), чем в университете / по сравнению с университетом.
고등학교에서 시험이 대학에서 시험보다/대학과 비교하여 더 쉽다.

- **В университете брат занимается больше, чем в школе.**
  대학에서 형은 고등학교에서 보다 더 많이 공부한다.

- **Зарплата в банке выше (более высокая), чем в компании «Союз» / по сравнению с компанией «Союз».**
  은행에서의 월급은 〈소유즈〉 회사에서의 월급보다/소유즈 회사와 비교하여 더 높다.

연습문제 5 주어진 단어들로 비교급 문장을 만들어 보세요.

❶ (высокий) цена на нефть; в этом году – в прошлом году
단순형 비교급

_____

_____

_____

복합형 비교급

_____

_____

_____

❷ (трудный) работа в компании «Звезда» – работа в компании «Лира».
단순형 비교급

_____

_____

_____

복합형 비교급

_____

_____

_____

E 다양한 비교급 구문: 날씨

러시아어로 다양한 계절, 다양한 지역의 날씨를 비교할 때 학생들이 종종 범하는 실수가 있습니다. 어떤 실수는 한국어의 구문을 그대로 번역하다 보니 생기는 실수입니다. 예를 들어, ≪서울은 부산 보다 춥다≫ 같은 한국어를 그대로 번역하여 «Сеул холоднее Пусана*», «Сеул холоднее, чем Пусан*»이라고 쓰는데, 이것은 문법적 오류입니다. «В Сеуле холоднее, чем в Пусане»가 맞는 문장이지요. 생각해 보면, 서울이 추운 것이 아니라 서울에서 사는 우리가 추운 것이기 때문입니다.

이외에도 한국학생들이 자주 범하는 문법적인 실수가 있습니다. 'погода(라는 단어를 사용하여 날씨를 표현하는 경우와 무인칭문으로 날씨를 표현하는 경우에 구문에 대한 이해가 부족해서 생기는 실수입니다. «Сегодня погода холодно*», «Вчера холоднее, чем сегодня*», «Вчера погода была более холодно*» 등은 모두 비문입니다. 아래의 표를 꼼꼼하게 공부하여 시간과 장소에 따라, погода라는 단어를 사용하여, 또는 무인칭문으로 날씨를 표현하는 구문을 정확하게 익힙시다.

погода를 사용한 경우	무인칭문을 사용하는 경우
이 경우는 погода가 주어가 되는 문장이기에 주어에 상응하는 동사를 사용	무인칭문이기 때문에 동사나 형용사는 모두 중성형을 사용
① погода라는 단어를 사용하는 경우 현재, 과거, 미래시제 비교급	① холодно, 즉 무인칭문의 경우 현재, 과거, 미래시제 비교급
현재시제 Сегодня погода холоднее (<u>более холодная</u>), чем вчера. 오늘 날씨가 어제보다 춥다.	현재시제 Сегодня холоднее (более холодно), чем вчера. 오늘은 어제보다 더 춥다.
과거시제 Вчера погода <u>была</u> холоднее (<u>более холодной</u>), чем сегодня. 어제 날씨가 오늘보다 추웠다.	과거시제 Вчера <u>было</u> холоднее (более холодно), чем сегодня. 어제는 오늘보다 더 추웠다.

미래시제	미래시제
Завтра погода <u>будет</u> холоднее (более холодн<u>ой</u>), чем сегодня. 내일 날씨가 오늘보다 추울 것이다. 💬 밑줄 친 부분처럼 과거시제와 미래시제에 복합형 비교급을 사용할 때는 과거나 미래시제에 조격을 사용하는 러시아어의 문법(«Он был врачом», «Он будет хорошим врачом»)에 따라 조격을 사용합니다.	Завтра <u>будет</u> холоднее (более холодно), чем сегодня. 내일은 오늘보다 추울 것이다.
❷ погода라는 단어를 사용하여 장소표현과 함께 날씨를 표현하는 경우. • Сегодня погода **в Сеуле** холоднее (более холодная), чем **в Пусане**. • Вчера погода в Сеуле была холоднее (более холодн<u>ой</u>), чем в Пусане. • Завтра в Сеуле погода <u>будет</u> холоднее (более холодн<u>ой</u>), чем в Пусане	❷ 무인칭문 형식으로 날씨와 장소표현을 함께 하는 경우 • Сегодня **в Сеуле** холоднее (более холодно), чем **в Пусане**. • Вчера в Сеуле <u>было</u> холоднее (более холодно), чем в Пусане. • Завтра в Сеуле <u>будет</u> холоднее (более холодно), чем в Пусане.

연습문제 6 위의 표의 구문을 참조하여 주어진 단어들로 비교급 문장을 만들어 보세요.

❶ тёплая погода / Корея – Россия

_____

_____

❷ летом жарко / Рим – Лондон

_____

_____

❸ пасмурно/ вчера – сегодня

_____

_____

1-5과 종합문제

1. 다음 중 단수와 복수의 짝이 바르게 연결되지 않은 것을 고르세요.

    a) сосед - соседы   b) дверь - двери
    c) город - города   d) море - моря

※ 빈칸에 들어가기에 적절하지 않은 답을 고르세요.(2-3)

2. • На рынке продаются свежие _____ .

    a) яблоки   b) груши
    c) клубники   d) персики

3. • Софья купила _____ .

    a) килограмм моркови   b) полкилограмма помидора
    c) два килограмма баклажанов d) пять килограммов картофеля

※ 빈칸에 들어갈 적절한 답을 고르세요.(4-6)

4. • Какие красивые _____ !

    a) музыки   b) одежды
    c) посуды   d) туфли

5. • Скажите, пожалуйста, сколько стоят _____ .

    a) хлебы   b) сахары
    c) муки   d) сосиски

1-5과 종합문제

6.
> • _____ врач Романова Мария Сергеевна подробно _____ об этой болезни.

   a) Опытный; рассказал
   b) Опытный; рассказала
   c) Опытная; рассказала
   d) Опытная; рассказал

7. 빈칸에 들어 가기에 적절하지 않은 답을 고르세요.

   > • Сергей _____, у него высокая температура.

   a) болит
   b) болен
   c) болеет
   d) заболел

8. 아래의 문장들을 읽고 형용사 단어미형이 잘못 쓰인 문장을 고르세요.

   a) Эти брюки мне узки.
   b) Наш дедушка очень добр.
   c) Это правило обязательно для всех.
   d) Грамматика русского языка трудена.

9. 빈칸에 들어갈 적절한 답을 고르세요.

   > • Старший брат доволен _____.

   a) новой работе
   b) за новую работу
   c) новой работой
   d) из-за новой работы

10. 아래의 문장 중 문법적으로 바른 문장을 고르세요.

    a) Витамины полезны всем.

    b) Это дерево похоже с человеком.

    c) Олег счастлив поступлению на экономическом факультете.

    d) Когда Оля получила «пятёрку» по истории, она весь день очень весела.

11. 비교급이 잘못 연결된 쌍을 고르세요.

    a) быстрый - быстрее   b) молодой - молодее

    c) спокойный - спокойнее   d) длинный - длиннее

12. 빈칸에 들어가기에 적절하지 않은 단어를 고르세요.

    • Москва _____ крупнее, чем Владимир.

    a) очень   b) намного

    c) гораздо   d) значительно

제 6 과 형용사와 부사의 최상급

A 형용사 최상급

이번 과에서는 형용사의 최상급을 살펴봅시다. 여러분이 잘 알고 있는 것처럼, 최상급은 세 가지나 그 이상의 대상을 비교하며 그중 비교되는 자질이 가장 뛰어난 것을 표현하는데 사용됩니다.

- В этой семье три сына. Кто из них самый старший?
  이 가정에는 아들이 셋이다. 그들 중 누가 가장 나이가 많지?
- В Корее много городов. Какой из них самый большой (крупный)?
  한국에는 도시들이 많다. 그중 어떤 도시가 가장 큰 도시지?
- В мире много гор. Какая из них самая высокая?
  세계에는 산이 많다. 그중 어떤 산이 가장 높은 산이지?

형용사의 최상급도 한 단어로 된 단순형 최상급과 두 단어가 결합하여 만들어지는 복합형 최상급으로 나뉩니다. 단순형 최상급은 접미사 -ейш-(красивейший)나 -айш-(высочайший)를 사용하여 만드는데, 주로 문어에서 사용되고, 회화에서는 드물게 쓰입니다.

복합형 최상급은 아래의 몇 가지 방법으로 만들 수 있습니다.

복합형 최상급

① САМЫЙ, САМАЯ, САМОЕ, САМЫЕ + (형용사): 가장 ~ 한
самый красивый, самая красивая, самое красивое, самые красивые
가장 아름다운
💬 이 형식은 구어에도 문어에도 널리 쓰입니다.

② НАИБОЛЕЕ/НАИМЕНЕЕ + (형용사): 무엇보다 더/덜 ~ 한
наиболее важный 무엇보다 중요한, наименее трудный 무엇보다 어려운
💬 이 형식은 주로 공적이고 업무적인 글에 사용됩니다.

③ (형용사 비교급) + ВСЕХ: 무엇보다 더 ~
красивее всех 무엇보다 아름다운(가장 아름다운), дороже всех 무엇보다 소중한(가장 소중한)
💬 형용사 비교급과 '모든'을 뜻하는 весь의 복생격형인 всех를 결합시켜 '모든 것보다 더 ~한'이라는 의미에서 최상급을 만들 수 있습니다. 이 형식도 구어, 문어 모두에서 널리 사용됩니다.

Б 단순형 최상급과 복합형 최상급

이제 단순형 최상급과 복합형 최상급 самый의 활용과 의미를 좀 더 자세하게 살펴봅시다.

단순형 최상급	복합형 최상급
접미사 -ЕЙШ- 혹은 -АЙШ- 사용	САМЫЙ, -АЯ, -ОЕ, -ЫЕ + 형용사 장어미형 НАИБОЛЕЕ / НАИМЕНЕЕ + 형용사 장어미형
① 접미사 -ейш- простой 단순한 – простейший трудный 어려운 – труднейший старый 늙은 – старейший	① самый + 형용사 장어미형 самый хороший самая интересная самое вкусное самые красивые
② 접미사 -айш- (к, г, х가 올 때) к//ч высокий 높은 – высочайший г//ж строгий 엄격한 – строжайший х//ш тихий 조용한 – тишайший	② наиболее / наименее + 형용사 장어미형 наиболее красивый наименее интересная
③ 불규칙 최상급 хороший 좋은 – лучший плохой 나쁜 – худший высокий 높은 – высший низкий 낮은 – низший близкий 가까운 – ближайший	③ 형용사 비교급 + всех красивее всех
④ 때로 접두사 наи-가 붙어 최상급의 의미를 강조하기도 합니다. лучший – наилучший худший – наихудший 💬 특히 이렇게 만들어진 최상급 형용사 наилучший는 종종 축하를 전하는 기원문에 사용됩니다. • Желаю Вам всего хорошего / всего самого хорошего / всего наилучшего. 당신께 모든 가장 좋은 것을 기원합니다.	

> ⚠️ **주의하세요**
>
> ## ВЫСОКИЙ, САМЫЙ ВЫСОКИЙ, ВЫСОЧАЙШИЙ vs. ВЫСШИЙ
>
> высокий, самый высокий, высочайший는 키나 수준(level)에 관하여 말할 때 사용됩니다.
>
> - Иван – самый высокий в нашей команде. 이반은 우리 팀에서 가장 크다.
> - У Антона высочайший уровень владения английским языком.
>   안톤은 영어구사능력이 최고수준이다.
>
> 반면 высший는 학력, 고등교육에 관하여 말할 때 사용됩니다.
>
> - У меня высшее образование. (나는 대학을 나왔다/고등교육을 받았다).
>   = Я окончил университет / институт. 나는 대학을 졸업했다.
>
> 러시아어로 'высшая школа'는 고등교육기관, 즉 대학을 지칭합니다.

형용사의 단순형 최상급은 '가장 ~한'이라고 번역되는 것이 일반적이지만, '매우'라는 뜻을 지닐 때도 있습니다.

- Сеул – крупнейший город Кореи / в Корее.
  서울은 한국의/한국에서 가장 큰 도시입니다.

하지만 '가장'보다는 '매우'라는 뜻으로 쓰이는 경우도 있습니다.

- Наша мама – добрейший человек.
  우리 엄마는 정말(매우) 좋은 사람이다.

연습문제 1 주어진 형용사로 형용사 단순형 최상급을 만들어 보세요.

원급	최상급	원급	최상급
широкий		высокий	
крупный		вкусный	
добрый		холодный	
прекрасный		полезный	
трудный		интересный	
ленивый		серьёзный	

сильный		талантливый	
великий		плохой	
глубокий		главный	

B 단순형 최상급과 복합형 최상급 самый의 활용 구문

이번에는 단순형 최상급과 복합형 최상급 самый의 활용을 구문별로 꼼꼼히 살펴봅시다. 각 구문마다 학생들이 작문을 할 때 자주 범하는 오류도 함께 정리하였습니다. 먼저 주격 활용을 살펴봅시다.

> **구문 1** 최상급 + 생격/전치격/복수생격

❶ «Самсунг» – крупнейшая компания Кореи / в Корее.
  삼성은 한국의/한국에서 가장 큰 기업이다.

❷ «Самсунг» – самая крупная компания Кореи / в Корее.
  삼성은 한국의/한국에서 가장 큰 기업이다.

❸ «Самсунг» – крупнейшая / самая крупная среди корейских компаний.
  삼성은 한국의 기업들 중에서(среди ~ 중에서 + 복수생격) 가장 큰 기업이다.

★ 자주 범하는 실수

- Компания «Самсунг» – крупнейшая компания Кореи / в Корее.*
  «Самсунг» – крупнейшая / самая крупная компания среди корейских компаний.*
  오류: компания를 두 번씩 쓸 필요가 없습니다.

구문 2   ОДИН ИЗ… / ОДНА ИЗ… / ОДНО ИЗ… / ОДНИ ИЗ…
+ 최상급 복수생격 + 생격

❶ Петербург – один из крупнейших городов России / в России.
페테르부르크는 러시아의/러시아에서 가장 큰 도시 중의 하나입니다.

❷ Петербург – один из самых крупных городов России / в России.
페테르부르크는 러시아의/러시아에서 가장 큰 도시 중의 하나입니다.

★ 자주 범하는 실수

- Город Петербург – один из крупнейших городов России / в России.*
  Город Петербург – один из самых крупных городов России / в России.*
  오류: город를 두 번씩 쓸 필요가 없습니다.

구문 3   최상급 + В МИРЕ

❶ Эверест – высочайшая в мире гора / Эверест – высочайшая гора в мире.
에베레스트는 세상에서 가장 높은 산입니다.

❷ Эверест – самая высокая в мире гора. / Эверест – самая высокая гора в мире.
에베레스트는 세상에서 가장 높은 산입니다.

❸ Демавенд – одна из высочайших в мире гор. / Демавенд – одна из высочайших гор в мире.
데마벤드는 세상에서 가장 높은 산 중의 하나입니다.

❹ Демавенд – одна из самых высоких в мире гор. / Демавенд – одна из самых высоких гор в мире.
데마벤드는 세상에서 가장 높은 산 중의 하나입니다.

★ 자주 범하는 실수

- Гора Эверест высочайшая в мире гора.* / Гора Эверест - высочайшая гора в мире.*
  Гора Демавенд – одна из высочайших в мире гор.* / Гора Демавенд – одна из высочайших гор в мире.*
  Гора Демавенд – одна из самых высоких в мире гор.* / Гора Демавенд – одна из самых высоких гор в мире.*
  오류: гора를 두 번씩 쓸 필요가 없습니다.

- Эверест высочайшая гора мира.*
  오류: 이 구문에서 мир는 생격으로 사용될 수 없습니다. мир가 사용되는 구문에서는 생격을 사용하지 않고 в мире형을 사용합니다. 아래의 두 문장이 바른 문장입니다.

- Эверест – высочайшая гора В МИРЕ. / Эверест – высочайшая В МИРЕ гора.

연습문제 2 주어진 예를 보고 최상급 문장을 만들어 보세요.

> **예시** Света, красивая девушка, группа
>
> → Света – красивейшая девушка нашей группы / в нашей группе.
> → Света – самая красивая девушка нашей группы / в нашей группе.

❶ Сораксан, высокие горы, Корея

→ _____.

→ _____.

❷ Волга, длинная река, Европа

→ _____.

→ _____.

❸ Байкал, глубокое озеро, Россия

→ _____.

→ _____.

연습문제 3 주어진 예를 보고 최상급 문장을 만들어 보세요.

> **예시** Андрей, Дмитрий, Сергей – способные студенты (наша группа).
>
> Андрей – один из...
> Андрей – один из способнейших студентов нашей группы / в нашей группе.
> Андрей – один из самых способных студентов нашей группы / в нашей группе.

❶ Волга, Дон, Обь – крупные реки, Россия

→ Волга _____ .

→ Волга _____ .

❷ IU, Gummy - популярные певицы, Корея

→ IU _____ .

→ IU _____ .

연습문제 4 주어진 예에 따라 최상급 문장을 만들어 보세요.

> **예시** Байкал – глубокое озеро, мир
>
> → Байкал – глубочайшее в мире озеро.
> → Байкал – самое глубокое в мире озеро.

❶ Слон – крупное животное, мир

→ _____ .

→ _____ .

❷ «Будж Дубай» - высокая башня, мир

→ _____.

→ _____.

단어 животное 동물 | башня 탑

이제 주격을 제외한 다른 격에서 단순형 최상급과 복합형 최상급 самый가 어떻게 사용되는지 살펴봅시다.

생격

У самой красивой девушки нашего факультета много поклонников.
우리 단과대학의 가장 예쁜 아가씨는 추종자들이 많다.

У красивейшей девушки нашего факультета много поклонников.
우리 단과대학의 가장 예쁜 아가씨는 추종자들이 많다.

У одной из самых красивых девушек нашего факультета много поклонников.
우리 단과대학의 가장 예쁜 아가씨 중 한명에게는 추종자들이 많다.

У красивейших девушек нашего факультета много поклонников.
우리 단과대학의 가장 예쁜 아가씨들은 추종자들이 많다.

단어 поклонник 숭배자, 팬

여격

Самому известному российскому артисту 85 лет.
가장 유명한 러시아 배우는 85세이다.

Известнейшему российскому артисту 85 лет.
가장 유명한 러시아 배우는 85세이다.

Одному из самых известных российских артистов 85 лет.
가장 유명한 러시아 배우 중 한 사람의 나이는 85세이다.

Одному из известнейших российских артистов 85 лет.
가장 유명한 러시아 배우 중 한 사람의 나이는 85세이다.

대격

Брат поступил в самый крупный университет Кореи / в Корее.
형은 한국의/한국에서 가장 큰 대학에 입학했다.

Брат поступил в крупнейший университет Кореи / в Корее.
형은 한국의/한국에서 가장 큰 대학에 입학했다.

Брат поступил в один из самых крупных университетов Кореи / в Корее.
형은 한국의/한국에서 가장 큰 대학들 중 하나에 입학했다.

Брат поступил в один из крупнейших университетов Кореи / в Корее.
형은 한국의/한국에서 가장 큰 대학들 중 하나에 입학했다.

조격

Мы познакомились с самым известным современным писателем.
우리는 가장 유명한 현대 작가와 인사를 했다.

Мы познакомились с известнейшим современным писателем.
우리는 가장 유명한 현대 작가와 인사를 했다.

Мы познакомились с одним из самых известных современных писателей.
우리는 가장 유명한 현대 작가 중 한 분과 인사를 했다.

Мы познакомились с одним из известнейших современных писателей.
우리는 가장 유명한 현대 작가 중 한 분과 인사를 했다.

전치격

Мы говорим о самом талантливом русском поэте.
우리는 가장 재능있는 러시아 시인에 관하여 이야기하고 있다.

Мы говорим о талантливейшем русском поэте.
우리는 가장 재능있는 러시아 시인에 관하여 이야기하고 있다.

Мы говорим об одном из самых талантливых русских поэтов.
우리는 가장 재능있는 러시아 시인 중 한 사람에 관하여 이야기하고 있다.

Мы говорим об одном из талантливейших русских поэтов.
우리는 가장 재능있는 러시아 시인 중 한 사람에 관하여 이야기하고 있다.

연습문제 5 주어진 단어들을 사용하여 최상급 문장을 만들어 보세요.

> **예시**
> Роман – самый способный студент нашего факультета.
> Я познакомился с Романом – _____.
> Я познакомился с Романом – самым способным студентом нашего факультета.

❶ Сеул – самый крупный город в Корее.

  а) Мы говорим о Сеуле – _____.

  б) Туристы едут по Сеулу – _____.

❷ Пётр Ильич Чайковский – один из самых талантливых русских композиторов.

  а) В Большом театре мы посмотрели балет Петра Ильича Чайковского – _____.

  б) Петру Ильичу Чайковскому – _____ было 39 лет, когда он написал оперу «Евгений Онегин»

❸ Александр Пушкин – величайший поэт России.

  а) На лекции профессор рассказал об Александре Пушкине – _____.

  б) У Александра Пушкина – _____ много стихов о любви.

❹ Экономика – один из самых трудных предметов этого семестра.

  а) Я получил низкую оценку по экономике – _____.

  б) Студенты интересуются экономикой – _____.

단어 способный 재능있는

Г 복합형 최상급 HAИБОЛЕЕ / HAИМЕНЕЕ와 비교급 + ВСЕХ의 활용 구문

1. 복합형 최상급 HAИБОЛЕЕ / HAИМЕНЕЕ 구문

주격

«Война и мир» – наиболее известное произведение Л. Толстого.
〈전쟁과 평화〉는 가장 유명한 톨스토이의 작품이다.

Missha – одна из наиболее популярных косметических компаний Кореи / в Корее.
미샤는 한국의/한국에서 가장 인기있는 화장품 회사 중 하나입니다.

대격

Я уже сдал наиболее трудные экзамены.
나는 이미 가장 어려운 시험들을 통과했다.

조격

На лекции студенты познакомились с наиболее известными стихами Александра Пушкина.
수업 중에 학생들은 알렉산드르 푸시킨의 가장 유명한 시들을 알게 되었다.

전치격

В газете написали о наиболее важных экономических проблемах.
신문에서 가장 중요한 경제 문제들에 관하여 썼다(다루었다).

2. 복합형 최상급 비교급 + всех의 구문

- Наташа красивее всех в нашей группе.
  나타샤는 우리 그룹에 있는 모든 사람들보다 더 아름답다.
- Наташа красивее всех девушек в нашей группе / нашей группы.
  나타샤는 우리 그룹에 있는/우리 그룹의 모든 아가씨들보다 예쁘다.
- Компания «Самсунг» – крупнее всех в Корее.
  삼성은 한국에 있는 모든 회사들 보다 크다.
- «Самсунг» – крупнее всех компаний Кореи/в Корее.
  삼성은 한국의/한국에 있는 모든 회사들보다 더 크다.
- Озеро Байкал глубже всех в мире.
  바이칼 호수는 세상에 있는 모든 호수보다 더 깊다.
- Байкал глубже всех озёр в мире.
  바이칼은 세상에 있는 모든 호수보다 더 깊다.

Д 부사의 최상급

부사도 형용사처럼 최상급이 있지만, 단순형 최상급은 없고, 복합형 최상급만 있습니다.

1. 비교 대상이 사람일 때

> **구문 1** 부사 비교급 + всех + 명사 복수생격

① Кто тебе нравится больше всех?
  너는 (모든 사람들 보다) 누가 제일 마음에 드니?

② Анна танцует красивее всех в нашей школе.
  안나는 우리 학교에서 제일 아름답게 춤춘다(우리 학교에 있는 어떤 사람들보다 더 아름답게 춤을 춘다).

③ Анна танцует красивее всех девушек нашей школы / в нашей школе.
  안나는 우리 학교의/우리 학교에 있는 모든 아가씨들보다 제일 아름답게 춤을 춘다.

④ Антон подготовился к экзамену лучше всех в нашей группе.
  안톤은 우리 그룹에 있는 모든 사람들보다 시험준비를 더 잘했다.

⑤ Антон подготовился к экзамену лучше всех студентов нашей группы / в нашей группе.
  안톤은 우리 그룹의/우리 그룹에 있는 모든 학생들보다 시험준비를 더 잘했다.

★ 자주 범하는 실수

- Анна танцует красивее всех нашей школы*.

  💬 всех 뒤에 명사가 없으면 нашей школы가 생격으로 올 수 없습니다.

  → Анна танцует красивее всех девушек нашей школы.

2. 사물에 관하여 이야기할 때

> 구문 2 부사 비교급 + ВСЕГО

❶ – Ты был в Москве? А что тебе понравилось больше всего?
    너 모스크바에 가 봤어? 무엇이 제일 맘에 들었어? (직역: 무엇이 너에게 무엇보다도 더 마음에 들었어?)

– Больше всего мне понравился Кремль.
    나한테는 크레믈이 무엇보다 더 마음에 들었어.

❷ – Что ты больше всего любишь делать?
    너는 무엇을 하는 걸 가장 좋아해? (직역: 너는 모든 것보다도 무엇 하는 것을 좋아해?)

– Больше всего я люблю играть в баскетбол.
    나는 무엇보다 농구 하는 것을 좋아해.

❸ – О чём ты думаешь чаще всего?
    너는 가장 자주 무엇에 관하여 생각해? (직역: 너는 모든 것보다 더 자주 무엇에 관해 생각해?)

– Чаще всего я думаю о будущем.
    나는 무엇보다 자주 미래에 관해 생각해.

연습문제 6 주어진 질문에 답해보세요.

A) 주어진 예를 보고 부사의 복합형 최상급을 사용한 문장을 만들어 보세요.

> **예시** Соня говорит по-английски, хорошо, наша группа.
> → Соня говорит по-английски лучше всех в нашей группе.

❶ Вадим знает корейский язык, плохо, наш факультет.

→ _____.

❷ Софья занимается спортом, часто, наша группа.

→ _____.

❸ Мама встаёт утром, рано, наша семья.

→ _____.

❹ Виктор играет в баскетбол, хорошо, наша команда.

→ _____.

Б) 주어진 질문에 답하세요.

❶ Какой цвет тебе нравится больше всего?

→ _____.

❷ Какое блюдо мама готовит лучше всего?

→ _____.

❸ Что ты больше всего не любишь делать?

→ _____.

❹ О чём ты чаще всего разговариваешь с друзьями?

→ _____.

제 7 과 인칭대명사와 재귀대명사

A 다양한 대명사와 의문사, 지시/소유/한정형용사

러시아어 'местоимение'는 흔히 '대명사'로 번역되지만, 한국어 문법의 개념으로 볼 때 때로는 '대명사'로, 때로는 '형용사'로 번역될 수 있습니다. 러시아어에는 총 아홉 개 군의 주요 'местоимение'가 있는데, 지금부터 몇 과에 걸쳐 아래의 표 중 재귀대명사, 비한정대명사, 부정대명사, 지시형용사, 한정대명사, 한정형용사를 꼼꼼하게 익혀봅시다.

인칭대명사	я, ты, он, она, мы, вы, они
소유형용사	мой (моя, моё, мои) твой..., его..., её..., наш..., ваш..., их..., свой...
재귀대명사	себя (у себя, себе, собой, о себе и др.)
의문사	Кто...? Что...? Кому...? Чему...? С кем...? С чем...? Чей...? Какой...? Который...? Сколько...? Кто это? Что ты делаешь? Кому вы позвонили? Какая сегодня погода? Сколько тебе лет?
간접의문문에 사용되는 의문사	Я не знаю, кому позвонил Антон. Брат рассказал, с кем он поедет в Москву. Мы спросили продавца, сколько стоят яблоки. Я не знаю, какой университет окончил Виктор.
비한정대명사	кто-то, что-то, кого-то, чего-то, кому-то, с чем-то... кто-нибудь, что-нибудь, кого-нибудь, чего-нибудь...
부정대명사	никто, ничего, ничей, никакой... некто, нечего, не у кого, не с кем
지시형용사	этот (эта, это, эти) тот (та, то, те) такой (такая, такое, такие)
한정대명사/한정형용사	сам, самый, каждый, другой...

Б 재귀형용사 свой

여러분은 이미 '자신의'라는 뜻으로 쓰이는 재귀대명사 **свой**에 대하여 알고 있습니다(«러시아어 첫걸음 1», 10과 191쪽 참조). 하지만 많은 학생들이 종종 실수를 범하는 문법이니, 다시 한번 그 의미를 살펴봅시다.

1. 현대 러시아어에서 재귀대명사의 주격형 свой (своя, своё, свои)는 사용되지 않는다.

	남성	여성	중성	복수
주격*	свой	своя	своё	свои
생격	своего	своей	своего	своих
여격	своему	своей	своему	своим
대격	свой своего	свою	своё	свои своих
조격	своим	своей	своим	своими
전치격	своём	своей	своём	своих

* 현대러시아어에서 사용되지 않습니다.

2. 재귀대명사는 소유형용사 мой, твой, его, её, наш, ваш, их 등을 대신하여 사용된다.

> **연습문제 1** 주어진 문장을 읽고 재귀대명사가 어떻게 쓰였는지 설명해 보세요.

1. Антон и машина Антона. Антон и отец Антона.

> Антон купил свою машину в прошлом месяце.
> Виктор: Антон, мне нравится твоя машина. Сколько стоит твоя машина?
> Антон: Мне тоже нравится моя машина. Я не знаю, сколько стоит моя машина, потому что я получил эту машину от своего отца. Мой отец подарил мне машину.

2. Лидия и друг Лидии

> Лидия познакомилась со своим другом 2 года назад. В первый раз она увидела своего друга на концерте в студенческом клубе. Недавно её друг окончил университет и теперь работает в большой фирме. Лидия всегда рассказывает своему другу о проблемах, и её друг всегда даёт ей хорошие советы.

B 재귀대명사 себя

'자신을', '자신에게', '자신에 관하여' 등으로 쓰일 수 있는 재귀대명사 **себя**의 격변화를 익힙시다. 재귀대명사는 주격형이 없습니다.

주격	생격	여격	대격	조격	전치격
	(у, для...) себя	себе	себя	(с) собой	(о) себе

재귀대명사 **себя**는 주체와 대상이 동일한 인물이라는 사실을 가리킵니다.

- **Лариса любит маму.** 라리사는 엄마를 사랑한다. (Лариса ≠ мама)
- **Лариса любит себя.** 라리사는 자신을 사랑한다. (Лариса = себя)

이때 «Лариса любит Ларису.*»라고 쓰면 비문이 됩니다.

- **Оля сказала себе: «Я должна хорошо учиться».**
  올랴는 스스로에게 말했다: 《나는 공부를 잘해야 한다》.
- **Вчера у Наташи был день рождения, она купила себе красивое кольцо.**
  어제는 나타샤의 생일이었다. 그녀는 스스로에게 아름다운 반지를 사주었다.
- **Мама думает о детях и не думает о себе.**
  엄마는 아이들에 관하여 생각하고 자기에 관하여 생각하지 않으신다.
- **Саша – эгоист, он любит только себя и думает только о себе.**
  사샤는 이기주의자다. 그는 자기 자신만을 사랑하고 자신에 관하여서만 생각한다.
- **Дедушка не любит рассказывать о себе.**
  할아버지는 자기에 관하여 이야기하는 것을 좋아하지 않으신다.

연습문제 2 주어진 예에 따라 재귀대명사를 사용한 문장을 만들어 보세요.

> **예시** Света любит друзей, а Женя ~
> → Света любит друзей, а Женя любит себя.

❶ Мама купила брюки сыну, а Виктор _____ .

❷ Сергей говорит о Диме, а Вадим _____ .

❸ Дима играет в шахматы с Антоном, а Иван _____ .

❹ Бабушка приготовила ужин для семьи, а Ира _____.

❺ Этот человек гордится _____, он всегда говорит только _____.

> **단어** гордиться 자랑하다 (+ кем)

Г БРАТЬ - ВЗЯТЬ С СОБОЙ (ЧТО? - КОГО?)

재귀대명사 **себя**는 다양한 숙어에 사용됩니다. 그중 널리 사용되는 표현인 **брать - взять с собой (что? - кого?)**를 익혀봅시다. 이 숙어에는 두 가지 의미가 있습니다.

1. 가지고/데리고 간다

брать - взять с собой (что? - кого?)는 먼저 '집에서 누군가/무언가를 데리고/가지고 어딘가로 간다(взять дома кого? / что? и пойти или поехать куда?)'는 뜻으로 사용됩니다.

- Сегодня идёт дождь. Когда Вера пошла в университет, она взяла с собой зонт.
  오늘 비가 온다. 베라는 학교에 갈 때 우산을 가져갔다.
- Раньше корейские школьники всегда брали с собой обед, но теперь они обедают в школьной столовой.
  전에 한국 학생들은 점심을 싸가지고 다녔지만, 이제는 학교 식당에서 점심을 먹는다.
- Света пошла в кино и взяла с собой младшего брата.
  스베타는 영화관에 갈 때 남동생을 데려갔다.
- Папа поехал в деревню, но не взял с собой Машу, потому что она заболела.
  마샤가 병이 났기 때문에 아빠는 시골로 갈 때 마샤를 데려가지 않았다.
- Лена, когда поедешь на море, обязательно возьми с собой крем от загара.
  레나, 바닷가로 갈 때 꼭 선크림을 가지고 가라.

> **단어** крем от загара 선크림

2. 포장하다, 포장해 가져가다

두 번째 의미는 '포장하다'의 의미입니다. 주로 식당에서 많이 사용됩니다.

- «Пожалуйста, (дайте) пиццу с собой». 피자 포장해 주세요.
- «Вам пиццу с собой?» 피자 포장해 가시겠어요?
  (Я должен дать вам пиццу с собой?)

연습문제 3 주어진 질문을 읽고 무엇을 가지고 가야 하는지 써보세요.

> **예시** Мама собирается пойти на рынок. Что ей надо взять с собой?
> → Ей надо взять с собой большую сумку и деньги.

❶ Виктор собирается поехать на экскурсию в Кремль. Что ему надо взять с собой? А кого ему надо взять с собой?

→ _____ .

❷ Студенты собираются поехать на Сораксан, что им нужно взять с собой?

→ _____ .

❸ Дети собираются пойти на стадион, что им нужно взять с собой?

→ _____ .

❹ Мама собирается поехать на море. Что ей надо взять с собой? А кого ей надо взять с собой?

→ _____ .

MEMO

제 8 과 한정대명사 САМ과 ДРУГОЙ

A 한정대명사 САМ, САМА, САМО, САМИ

이번에는 한정대명사 сам, сама, само, сами에 관하여 살펴봅시다. 언제, 어떤 형식으로 사용되는지를 살피기에 앞서 먼저 한정대명사 сам의 격변화를 익혀봅시다.

	남성	여성	중성	복수
주격	сам	сама	само	сами
생격	самого	самой	самого	самих
여격	самому	самой	самому	самим
대격	самого (사람) сам (사물)	саму	само	самих (사람) сами (사물)
조격	(с) самим	самой	самим	самими
전치격	(о) самом	самой	самом	самих

재귀 강조대명사 сам은 명사나 대명사와 함께 쓰이고, 아래의 의미를 지닙니다.

1. 타인의 도움 없이 스스로

- Этот ребёнок маленький, но он сам одевается.
  이 아이는 어리지만 스스로 옷을 입는다.
- Антон сам научился плавать.
  안톤은 스스로 수영을 배웠다.
- - Профессор помог тебе перевести текст?
  교수님이 네가 텍스트 번역하는 것을 도와주셨니?
  - Нет, я сам перевёл.
  아니요, 제 스스로 번역했어요.

2. 알아서, 자발적으로, 주도권을 가지고

- Я буду занят, поэтому не звони мне, <u>я сам</u> позвоню тебе вечером.
  나는 바쁠 거야. 그러니까 나한테 전화하지 마. 내가 알아서(자발적으로) 저녁에 너에게 전화할게.

- Я не просил у родителей новый смартфон, <u>они сами</u> решили подарить мне его.
  나는 부모님께 새 스마트폰을 사달라고 하지 않았다. 그분들이 알아서(스스로, 주도권을 가지고) 나에게 스마트폰을 선물하셨다.

3. 본인이

- - Завтра Олег поедет в Россию. 내일 올렉은 러시아에 가.
  - Откуда ты знаешь? 어떻게 알아?
  - <u>Олег сам</u> сказал мне об этом. 올렉 본인이 나에게 그것에 대해 이야기 했어.

4. 저절로(사물이 주어인 경우)

- - Кто открыл дверь? 누가 문을 열었어?
  - <u>Она сама</u> открылась. 문이 저절로 열렸어.

- Сейчас ночь, но я не сплю. Мне надо готовиться к экзамену, а <u>глаза сами</u> закрываются.
  지금은 밤인데 나는 잠을 자지 않고 있다. 시험을 준비해야 하는데 눈이 저절로 감긴다.

сам, сама, само, сами도 себя처럼 종종 숙어 표현에 사용됩니다.

5. **САМО СОБОЙ / САМО СОБОЙ РАЗУМЕЕТСЯ** 물론

- - Ты хорошо подготовился к экзамену?
    너는 시험 준비를 잘 했니?
  - Само собой (разумеется). Я всегда хорошо готовлюсь.
    당연하지. 나는 항상 준비를 잘 해.

- Папа, само собой (разумеется), не даст мне машину в субботу, поэтому я поеду на море на автобусе.
  아빠는 당연히 토요일에 나에게 차를 안 주실 거야, 그래서 나는 바닷가에 버스를 타고 가.

6. САМ НЕ СВОЙ / САМА НЕ СВОЯ 정신이 없다

- Сегодня у Антона будет собеседование в фирме, поэтому он сам не свой.
  오늘 안톤은 회사에서 면접이 있을 예정이다. 그래서 지금 정신이 없다.
- Анна поссорилась с другом, поэтому весь день она сама не своя.
  안나는 남자친구와 싸웠고, 그래서 하루 종일 정신이 없다.

단어 собеседование 면접

연습문제 1 주어진 예에 따라 문장을 만들어 보세요.

> **예시** приготовить обед
> → Сегодня мама заболела, поэтому Нина сама приготовила обед.

❶ пойти на рынок

→ _____.

❷ вымыть посуду

→ _____.

❸ убрать комнату

→ _____.

❹ постирать одежду

→ _____.

연습문제 2 주어진 예를 보고 질문에 답하세요.

> **예시** Откуда ты знаешь, что Антон поедет в Москву?
> → Антон сам сказал мне об этом. / Он сам сказал мне об этом.

❶ - Откуда ты знаешь, что Лара вышла замуж?

   - _____.

❷ - Почему ты думаешь, что профессор сейчас занят?

   - _____.

❸ - Откуда ты знаешь, что Олег получил «пять»?

   - _____.

❹ - Откуда ты знаешь, что Наташа и Сергей поссорились?

   - _____.

❺ - Почему ты думаешь, что папа не даст нам машину сегодня вечером?

   - _____.

연습문제 3 주어진 예를 보고 문장을 만들어 보세요.

> **예시**
> готовить – приготовить обед
> → Наташа, не готовь обед, я сама приготовлю.

❶ покупать – купить хлеб

→ _____.

❷ говорить – сказать (кому?) о проблемах

→ _____.

❸ помогать – помочь младшему брату

→ _____.

❹ мыть – вымыть посуду

→ _____.

❺ брать – взять с собой обед

→ _____.

Б 한정대명사 ДРУГОЙ

'다른'의 뜻을 지니는 другой는 형용사와 같이 격변화하고, 형용사처럼 수식하는 명사의 성, 수, 격에 따라 변화합니다.

- Этот свитер мне мал, дайте, пожалуйста, другой размер.
  이 스웨터는 나에게 작네요. 다른 사이즈를 주세요.
- Эта книга скучная, завтра я возьму в библиотеке другую книгу.
  이 책은 지루하다. 내일 나는 도서관에서 다른 책을 빌릴 거야.
- Я редко вижу свою сестру, потому что она живёт в другом городе.
  그녀가 다른 도시에 살기 때문에 나는 내 언니를 드물게 본다.
- - Давай встретимся в пятницу.
  토요일에 만나자.
- - Извини, в пятницу я буду занята. Может быть, (встретимся) в другой день?
  미안해, 금요일에 나는 바쁠 거야. 혹시 다른 날 만날까?

연습문제 4 주어진 예에 따라 문장을 만들어 보세요.

А)

> **예시**
> - Ты хочешь пойти в ресторан «София»?
> - Недавно я была там, мне он совсем не понравился. Там не очень уютно, и блюда невкусные. Давай пойдём в другой ресторан.

❶ - Ты хочешь посмотреть фильм «Зимняя соната»?

　→ _____

❷ - Ты хочешь познакомиться с Максимом?

　→ _____

❸ - Ты хочешь купить Лексус (Lexus)?

　→ _____

❹ - Ты хочешь заказать кимчичиге?

→ _____

_____

Б)

| 예시 | Ты не хочешь идти в ресторан «Сеул»? Тогда давай пойдём в другой ресторан. |

❺ Ты не хочешь ехать в Испанию? _____.

❻ Это блюдо очень острое? _____.

❼ Ты не любишь яблоки? _____.

❽ Ты будешь занят во вторник? _____.

학생들은 종종 другой와 일반형용사 разный를 혼동합니다. 이 단어들의 의미는 비슷한 것 같지만 다르고, 그 활용도 다릅니다.

ДРУГОЙ	РАЗНЫЙ
❶ 이것이 아닌 다른 (не этот, не такой)	❶ 같지 않은, 서로 다른
• Этот костюм мне мал, дайте другой размер. 이 정장은 내게 작습니다. (이것이 아닌) 다른 사이즈를 주세요. • (в ресторане) Ты хочешь токпокки? Но это очень острое блюдо. Я советую тебе взять другое блюдо. 떡볶이 먹고 싶니? 하지만 그건 아주 매운 음식이야. 나는 너에게 (떡볶이가 아닌) 다른 음식을 먹으라고 추천해.	💬 이 경우 주어는 반드시 복수형으로 쓰이며, 두 개나 그 이상의 대상에 대하여 그것들이 서로 다르다고 할 때 사용합니다. • Вася и его родители живут в разных городах. 바샤와 그 부모님은 (한 도시가 아니라) 서로 다른 도시에 사신다. • Лена и Иван поступили на разные факультеты. Лена – на исторический, а Иван поступил на биологический. 레나와 이반은 (서로) 다른 학부에 입학했다. 레나는 역사학부에, 이반은 생물학부에. 💬 이런 경우 «Лена и Иван поступили на другие факультеты*»는 비문입니다.

- Сейчас Вася живёт и учится в Москве, а его родители живут в другом городе.
  (= не в этом городе, не в Москве.)
  지금 바샤는 모스크바에서 거주하며 공부하고 그의 부모님은 (모스크바가 아닌) 다른 도시에 사셔.
- Лена поступила на исторический факультет, а Иван поступил на другой факультет.
  레나는 역사학부에 입학했고, 이반은 (역사학부가 아닌) 다른 학부에 입학 했어.
- Саша – сильный, активный человек, а у Нины другой характер.(= не сильный, не активный; не такой характер, как у Саши)
  사샤는 강하고 적극적인 사람이고, 니나는 (강하고 적극적인 것이 아니라) 다른 성격의 소유자다.

- У Саши и Нины разные характеры: Саша сильный человек, а Нина – слабый(человек).
  사샤와 니나는 서로 다른 성격이다. 사샤는 강한 사람이고, 니나는 약한 사람이다.

💬 이런 경우 «У Саши и Нины другие характеры*»는 비문입니다.

② 다양한

- В ресторане мы ели разные русские блюда: борщ, пельмени, блины.
  레스토랑에서 우리는 다양한 러시아 음식들 – 보르시, 펠메니, 블린 – 을 먹었다.
- - Какая музыка тебе нравится?
  너는 어떤 음악이 마음에 드니?
  - Мне нравится разная музыка: классическая, рок, поп, джаз.
  나는 다양한 음악 – 클래식, 록, 팝, 재즈 – 이 마음에 들어.

연습문제 5 **другой**와 **разный** 중 빈칸에 들어갈 적절한 단어를 골라 알맞은 격으로 넣으세요.

❶ - Тебе нравится Зико?

- Нет, я люблю _____ певца.

❷ На лекции по литературе профессор рассказывает о _____ русских писателях: Толстом, Достоевском, Чехове, Булгакове.

❸ Сын и дочь учатся в _____ школах: сын – в математической школе, а дочь – в химической (школе).

❹ Я не хочу разговаривать об этом, давай поговорим о _____ делах.

❺ - Где мы встретимся? В парке?

- Нет, давай встретимся в _____ месте: около университета или на остановке автобуса.

❻ В кабинете профессора много _____ книг.

❼ - Ты ходил в кино с Ларисой?

   - Нет, я ходил с _____ девушкой. Ты не знаешь её.

❽ У младшего брата много _____ игрушек.

때로 другой는 '두 번째의'라는 뜻으로 사용되기도 합니다. 다음의 구문 모델들을 보세요.

> **구문 1** ОДИН ~, А ДРУГОЙ ~ : 하나는~, 다른 하나는(두 번째는) ~

❶ У меня два брата. Один учится на математическом факультете, а другой (а второй) – на историческом.
나는 형이 둘이 있다. 한 형은 수학학부에서 공부하고, 다른(둘째) 형은 역사학부에서 공부한다.

❷ Мы подарили папе две рубашки, одну папа часто надевает, а другую (а вторую) – редко, наверное, она ему не нравится.
우리는 아빠께 셔츠를 두 장 선물했다. 하나는 아빠가 자주 입으시는데, 다른 하나(두 번째)는 드물게 입으신다. 아마 그것은 마음에 안 드시는 모양이다.

연습문제 6 «один ~, а другой ~» 구문을 사용하여 적절한 격으로 문장을 만들어 보세요(필요한 경우 один의 격변화표를 참조하세요).

> **예시** На прошлой неделе я посмотрел два фильма. <u>Один</u> мне понравился, <u>а другой</u> – совсем не понравился.
>
> В нашем университете два стадиона, на одном студенты играют в футбол, <u>а на другом</u> – в бейсбол.

❶ У меня два друга,   одного _____, а _____.

   одному _____, а _____.

   у одного _____, а _____.

   с одним _____, а _____.

   к одному _____, а _____.

❷ Я прочитал две книги,　　одна _____, а _____.

　　　　　　　　　　　　　одну _____, а _____.

　　　　　　　　　　　　　об одной _____, а _____.

▶ ОДИН, ОДНА, ОДНО, ОДНИ 격변화표

주격	один	одна	одно	одни
생격	одного	одной	одного	одних
여격	одному	одной	одному	одним
대격	один / одного	одну	одно	одни / одних
조격	одним	одной	одним	одними
전치격	одном	одной	одном	одних

구문 2 С ОДНОЙ СТОРОНЫ~, А С ДРУГОЙ (СТОРОНЫ) ~
: 한편으로는 ~, 또 다른 편으로는

❶ **Скоро я поеду в Америку, там я год буду изучать английский язык. С одной стороны, (это хорошо, потому что) я быстро выучу английский, но, с другой стороны, (плохо, потому что) я буду скучать по своей семье.**
곧 나는 미국으로 간다. 거기서 나는 1년간 영어를 공부할 것이다. 한편으로는 빨리 영어를 배우게 되어 좋지만, 다른 한편으로는 가족을 그리워하게 될 것이다.

❷ **С одной стороны, студентам надо подрабатывать, потому что им нужны карманные деньги, но с другой стороны, подрабатывающие студенты очень устают, поэтому меньше занимаются и хуже учатся.**
한편으로는 용돈이 필요하기에 학생들이 돈을 벌어야 할 것이고, 다른 한편으로는 일하는 학생들은 매우 지쳐 공부를 덜 하게 되고 전보다 공부를 잘 못하게 될 것이다.

위의 예에서 보듯, 이 구문은 장점과 단점이 공존하는 상황에서 종종 사용됩니다.

단어　карманные деньги 용돈

연습문제 7 주어진 문장을 읽고 예에 따라 문장을 만들어 보세요.

> **예시** Я учусь на четвёртом курсе.
> Я учусь на четвёртом курсе. С одной стороны, (это хорошо, потому что) скоро я окончу университет, но, с другой стороны, (плохо, потому что) мне надо будет работать.

❶ Я живу в общежитии.

❷ Я поссорилась с другом.

❸ Мой рост (키)– два метра.

❹ У меня очень много друзей.

제 9 과 지시형용사, 의문형용사와 부사

A 지시형용사 TOT, TA, TO, TE

먼저 '저(that)~'의 의미를 지니는 지시형용사 тот, та, то, те의 격변화를 익혀봅시다.

	남성	여성	중성	복수
주격*	тот	та	то	те
생격	того	той	того	тех
여격	тому	той	тому	тем
대격	того (활성) тот (불활성)	ту	то	тех (활성) те (불활성)
조격	(с) тем	(с) той	(с) тем	(с) теми
전치격	(о) том	(о) той	(о) том	(о) тех

지시형용사 тот는 다음과 같은 경우에 사용합니다.

1. (가까이 있는 것을 지칭하는 этот와 비교하여) 좀 멀리 떨어져 있는 것을 가리킬 때 사용

- Аптека находится около того серого здания.
  약국 저 회색 건물 근처에 있다.
- На этом берегу реки лежит песок, а на том (берегу) – камни.
  이 강기슭에는 모래가 있고, 저 기슭에는 돌들이 있다.

단어 песок 모래 | камень 돌

장소만이 아니라 시간적으로도 좀 먼 과거를 가리킬 때도 사용합니다.

- В 2018 году мы учились в Москве, в то время мы много говорили по-русски.
  2018년에 우리는 모스크바에서 공부했습니다. 그 당시 우리는 러시아어로 많이 이야기했지요.

2. '바로 그것', '똑같은'의 의미로(이 때 종종 소사 же를 동반) 사용

- На прошлой неделе в четверг Нина сдала последний экзамен и в тот же день заболела.
  지난주 목요일에 니나는 마지막 시험을 치렀고, 바로 그 날 병이 났다.
- Мой дедушка родился в 1939 году, в том же году началась Вторая мировая война.
  나의 할아버지는 1939년에 태어나셨는데, 바로 그 해에 2차 세계대전이 시작되었다.

тот же ~, та же ~, то же ~, те же ~, что и ~: что 이하와 '똑같은'의 구문으로도 종종 사용됩니다.

- Сегодня он задал мне тот же вопрос, что и вчера, но я опять не смог ответить на него.
  오늘 그는 나에게 어제와 똑같은 질문을 했지만 나는 다시 그 질문에 답할 수가 없었다.
- В этом году мы решаем ту же проблему, что и в прошлом (году).
  올해 우리는 작년에 한 것과 똑같은 문제를 해결하고 있다.

3. 부정어 не와 결합하여 '(필요한) 그것이 아닌, 헷갈려 그것이 아닌 다른'의 뜻으로 사용

- Студент написал не то упражнение.
  학생은 그것이 아닌 다른 문제를 풀었다(예를 들면 숙제는 연습문제 9번이었는데 학생이 헷갈려 8번을 푼 경우).
- Извините, профессор, я дал вам не ту тетрадь.
  죄송합니다, 교수님, 제가 교수님께 다른 노트를 드렸어요.
- Утром Маша села не на тот автобус, поэтому опоздала на лекцию.
  아침에 마샤는 타야 할 버스가 아닌 다른 버스를 타서 강의에 늦었다.
- Я купил не тот чай: наша семья любит зелёный чай, а я купил чёрный.
  나는 사야할 차가 아닌 다른 차를 샀다. 우리 가족은 녹차를 좋아하는데, 나는 홍차를 샀다.

연습문제 1 주어진 예를 보고 문장을 만들어 보세요.

> **예시** Этот костюм мне мал, а ~ → Этот костюм мне мал, а тот – велик.

❶ Эта книга интересная, а _____.

❷ Эти помидоры дорогие, а _____.

❸ Эта дорога длинная, а _____.

❹ Этого мальчика зовут Саша, а _____.

❺ В этом ресторане всегда вкусно готовят, а _____.

연습문제 2 소사 же를 더해 빈칸에 적절한 격으로 지시형용사를 넣어 보세요.

❶ Сестра окончила университет в 2018 году, и _____ году она вышла замуж.

❷ В этом семестре нам читал лекции по истории _____ профессор, что и в прошлом семестре.

❸ Андрей написал доклад о _____ русском писателе, что и Вика.

❹ Младшая сестра ходит в _____ школу, что и старшая.

❺ Я учусь в _____ университете, что и Дима.

연습문제 3 주어진 예에 따라 문장을 만들어 보세요.

> 예시
> Наша семья любит зелёный чай, а я купил чёрный.
> → Я купил не тот чай.

❶ Мне нужен роман Толстого «Воскресенье», а я взял в библиотеке роман «Анна Каренина».

→ _____

❷ Дедушке надо было пойти в поликлинику в среду, а он пошёл в четверг.

→ _____

❸ Папа по ошибке взял очки мамы.

→ _____

❹ В пиццерии мы заказали овощную пиццу, но официант по ошибке принёс нам грибную.

→ _____

❺ Ира хотела позвонить подруге Нине, но по ошибке позвонила Соне.

→ _____

Б 접속사와 함께 사용되는 지시대명사 то

여기서 지시형용사 то와 혼동될 수 있는 지시대명사 то의 쓰임을 잠시 살펴보고자 합니다. 지시대명사 то는 종종 접속사의 부분으로 사용되며 절을 이끄는 기능을 합니다. 예를 들어 благодарить라는 동사를 봅시다. '에게 ~에 대하여 감사하다'라고 할 때 러시아어로는 'благодарить + 대격(кого) + за + 대격'의 구문을 사용합니다.

- **Мы поблагодарили профессора за помощь.**
  우리는 교수님께 도움에 감사드렸다.

그런데 감사의 이유가 문장이 될 수도 있습니다. ≪도움에 감사드립니다.≫라고 할 수도 있지만, ≪바쁘신데 도와주셔서 감사합니다.≫가 될 수도 있으니까요. 그때 지시대명사 то가 사용되며, **за то, что** ~의 형태로 뒤에 절을 이끌게 됩니다.

- **Мы поблагодарили профессора за то, что он дал нам словарь.**
  우리는 우리에게 사전을 주셔서 교수님께 감사했다.

이 경우 за가 대격지배 전치사로 사용된 만큼, 지시대명사 то도 대격입니다. 지금부터 지시대명사 то를 사용하여 절을 이끄는 주요한 접속사들을 몇 가지 살펴봅시다. 각각의 경우 то는 전치사가 지배하는 격에 따라 대격이 될 수도, 생격(того)이 될 수도, 여격(тому)이 될 수도 있습니다.

1. НЕСМОТРЯ НА + 대격 / НЕСМОТРЯ НА ТО, ЧТО + 문장: ~에도 불구하고

- Мы поехали на море, несмотря на дождь.
  비에도 불구하고 우리는 바닷가로 떠났다.
- Мы поехали на море, несмотря на то, что сегодня пасмурная погода.
  오늘 날씨가 흐린 데도 불구하고 우리는 바닷가로 떠났다.

2. ИЗ - ЗА + 생격 / ИЗ - ЗА ТОГО, ЧТО + 문장: ~때문에

- Он опоздал на лекцию из - за пробки на дороге.
  그는 도로 위의 정체 때문에 강의에 늦었다.
- Он опоздал на лекцию из - за того, что сел не на тот автобус.
  그는 다른 버스를 탔기 때문에 강의에 늦었다.

3. БЛАГОДАРЯ КОМУ / ЧЕМУ, БЛАГОДАРЯ ТОМУ, ЧТО + 문장: 덕분에

- Он купил машину благодаря помощи родителей.
  그는 부모님의 도움 덕분에 차를 샀다.
- Он купил машину благодаря тому, что много лет копил деньги.
  그는 수년간 돈을 모았던 덕분에 차를 샀다.

B 지시형용사 такой와 부사 так

'그런, 그러한'을 뜻하는 지시형용사 такой, такая, такое, такие는 такой учебник, такая одежда, такое дело, такие проблемы처럼 명사의 성수격에 따라 변화합니다.

- Этот словарь очень хороший. Такой словарь есть у нашего профессора.
  이 사전은 아주 좋은 것이다. 그런 사전이 우리 교수님께도 있어.
- В этом ресторане все блюда острые. Я не могу есть такие блюда.
  이 레스토랑의 모든 음식이 맵다. 나는 그런 음식을 먹을 수가 없다.
- Максиму нравятся весёлые и добрые девушки, он мечтает познакомиться с такой девушкой.
  막심은 명랑하고 착한 아가씨들을 좋아한다. 그는 그런 아가씨와 알게 되기를 꿈꾼다.

'그렇게'라는 뜻을 지니는 부사 так은 부사이므로 변화하지 않고 동사나 부사와 함께 쓰입니다.

- Ты сломал игрушку! Так делать нельзя!
  너 장난감을 망가트렸냐? 그렇게 해서는 안돼!
- В свободное время мы с друзьями играем в баскетбол или футбол. Мы всегда так проводим время.
  여가시간에 우리는 친구들과 농구와 축구를 한다. 우리는 항상 그렇게 시간을 보낸다.
- Она так красиво поёт!
  그녀는 너무나 아름답게 노래를 한다!

такой, так의 첫번째 의미는 '이러한, 그러한, 같은'입니다.

- Света – высокая стройная девушка, у неё длинные светлые волосы и голубые глаза. Мне нравятся такие девушки.
  스베타는 키가 크고 날씬한 아가씨로 긴 금발머리에 푸른 눈을 가지고 있다. 나는 그런 아가씨들이 마음에 든다.

부사 так은 '이렇게, 그렇게'의 의미로 사용됩니다.

- Брат посоветовал мне подрабатывать, я так и сделал.
  형은 나에게 용돈을 벌어보라고 충고했고, 나는 그렇게 했다.

이 외에도 такой와 так은 강한 감정을 표현할 때도 사용됩니다. 이때 такой나 так의 의미는 очень의 의미와 유사합니다. такой는 형용사와 결합하여, так은 부사와 결합하여 사용됩니다.

ТАКОЙ, ТАКАЯ, ТАКОЕ, ТАКИЕ

- Вера - такая красивая девушка! 베라는 너무 아름다운 아가씨다!
- Эта книга такая интересная! 이 책은 너무나 재미있다!
- Этот фильм такой грустный! 이 영화는 너무 슬프다!
- Мороженое такое вкусное! 아이스크림이 너무나 맛있다!

ТАК

- В лесу так красиво! 숲이 너무나 아름답다!
- Профессор так интересно рассказывает о России!
  교수님이 러시아에 관하여 너무나 재미있게 이야기하신다!
- Мама так вкусно готовит! 엄마는 너무 맛있게 요리를 하신다!
- Вчера мне было так грустно! 어제 나는 너무나 슬펐다!

강한 감정을 표현하는 이런 문장의 끝에는 마침표가 아니라 느낌표를 찍습니다.

연습문제 4 주어진 예를 보고 **такой**나 **так**을 적절한 형태로 넣으세요.

> **예시**
> Дети шумно играют. Они всегда ~ → Они всегда так играют.
> Маша купила книги по искусству. Она часто ~
> → Она часто покупает такие книги.

❶ - Мальчик громко ответил на вопрос учителя.

  - Он всегда _____.

❷ - Олег прочитал сначала «Экономическую газету», потом газету «Политика».

  - Он всегда _____.

❸ - Посмотрите, сегодня Наташа хорошо выглядит.

  - Она всегда _____.

❹ - Женя послушала музыку Баха, Бетховена и Моцарта.

  - Она всегда _____.

연습문제 5 주어진 예를 보고 **такой**나 **так**을 적절한 형태로 넣으세요.

> **예시**
> Сегодня _____ холодно!
> → Сегодня так холодно!
> Максим рассказал _____ интересной книге!
> → Максим рассказал о такой интересной книге!

❶ Наш профессор _____ строгий! Он _____ строго говорит!

❷ Бабушка _____ сильно заболела. У неё _____ высокая температура!

❸ Я познакомилась _____ хорошим парнем!

❹ Они живут _____ старом доме!

❺ Эти фрукты _____ полезные!

❻ Наш отец много курит, это _____ вредно для здоровья!

Г 의문형용사 КАКОЙ, КАКАЯ, КАКОЕ, КАКИЕ와 의문부사 КАК

의문형용사 какой, какая, какое, какие와 의문부사 как도 강한 감정을 표현할 때 사용됩니다. «Какая красивая девочка!(얼마나 예쁜 소녀인지(정말 예쁜 소녀구나!))», «Как хорошо ты говоришь по-русски!(너는 러시아어를 정말 잘 하는구나!)»처럼 감탄문을 만들 때 사용되는데, 이때 какой, какая, какое, какие와 как은 의문사인 만큼 문장 첫 머리에 옵니다.

КАКОЙ, КАКАЯ, КАКОЕ, КАКИЕ	КАК
• Какой строгий учитель! 정말 엄격한 선생님이시다! • Какая хорошая погода! 정말 좋은 날씨다! • Какое красивое платье! 정말 예쁜 원피스다! • Какие вкусные пельмени! 정말 맛있는 펠메니다!	• Как строго говорит учитель! 선생님이 정말 엄하게 말씀하신다! • Как хорошо Вадим говорит по-английски! 바딤은 영어를 정말 잘한다! • Как красиво танцует Лена! 레나는 너무 예쁘게 춤을 춘다! • Как вкусно мама готовит! 엄마는 정말 맛있게 요리를 하신다!

연습문제 6 주어진 예를 보고 질문에 답하세요.

A) 각각 такой (такая, такое, такие)와 какой (какая, какое, какие)를 사용하여 감탄문을 만들어 보세요.

예시	красивая девушка. → Эта девушка такая красивая! → Какая красивая девушка!

❶ серьёзный студент

→ _____ !

→ _____ !

❷ умные дети

→ _____ !
→ _____ !

❸ талантливый артист

→ _____ !
→ _____ !

❹ чистая вода

→ _____ !
→ _____ !

❺ чистый воздух

→ _____ !
→ _____ !

❻ дешёвое пальто

→ _____ !
→ _____ !

❼ интересная книга

→ _____ !
→ _____ !

❽ дружная семья

→ _____ !
→ _____ !

단어 воздух 공기 | дружная семья 화목한 가족

Б) 부사 **ТАК**과 의문사 **КАК**을 사용하여 감탄문을 만들어 보세요.

> **예시** Анна красиво танцует.
> → Анна так красиво танцует!
> → Как красиво Анна танцует!

❶ Вадим хорошо учится.

→ _____!
→ _____!

❷ Брат быстро плавает.

→ _____!
→ _____!

❸ Профессор интересно рассказывает о Пушкине.

→ _____!
→ _____!

❹ Вера хорошо выглядит.

→ _____!
→ _____!

❺ Мама молодо выглядит.

→ _____!
→ _____!

❻ Дети весело играют.

→ _____!
→ _____!

제 10 과 비한정대명사

A 비한정대명사 -то, -нибудь

이 과에서는 의문사 뒤에 -то나 -нибудь가 붙어 만들어지는 비한정대명사를 살펴보겠습니다. 예를 들어 의문사 뒤에 -то나 -нибудь가 붙어 만들어진 кто-то나 кто-нибудь는 '누군가', '누구든지' 등으로 번역될 수 있는데, 이 둘 간의 의미와 활용의 차이를 꼼꼼히 살펴봅시다. 활용을 살피기에 앞서 먼저 비한정대명사의 격변화를 살펴봅시다.

▶ 의문사 + -то / -нибудь

주격	кто? что?	кто-то, кто-нибудь	что-то, что-нибудь
생격	(у)кого? чего?	кого-то, кого-нибудь	чего-то, чего-нибудь
여격	кому? чему?	кому-то, кому-нибудь	чему-то, чему-нибудь
대격	кого? что?	кого-то, кого-нибудь	что-то, что-нибудь
조격	(с) кем? чем?	(с) кем-то, кем-нибудь	(с) чем-то, чем-нибудь
전치격	(о) ком? чём?	(о) ком-то, ком-нибудь	(о) чём-то, чём-нибудь

▶ 의문형용사 + -то / -нибудь

주격	какой-то / нибудь	какая-то / нибудь	какое-то / нибудь
생격	какого-то / нибудь	какой-то / нибудь	какого-то / нибудь
여격	какому-то / нибудь	какой-то / нибудь	какому-то / нибудь
대격	какой(-ого)-то / нибудь	какую-то / нибудь	какое-то / нибудь
조격	каким-то / нибудь	какой-то / нибудь	каким-то / нибудь
전치격	каком-то / нибудь	какой-то / нибудь	каком-то / нибудь

의문부사 + -то / -нибудь의 경우는 부사이기에 격변화하지 않습니다.

где?	где-то, где-нибудь
куда?	куда-то, куда-нибудь
когда?	когда-то, когда-нибудь
как?	как-то, как-нибудь

이제 -то가 붙은 경우와 -нибудь가 붙은 경우의 의미 차이를 살펴봅시다.

-TO가 붙은 경우

❶ 화자가 알지 못할 때(보거나 듣거나 이해하지 못할 때)

- Вот профессор с кем-то разговаривает.
  여기 교수님이 누군가와 대화를 나누고 계신다.
  (교수님이 누군가와 대화를 나누고 계시는 것은 알고 있지만, 그것이 누구인지는 모르는 경우)

- Мама что-то сказала.
  엄마가 뭔가 말씀을 하셨어.
  (엄마가 무언가 말씀하신 것은 알지만 무슨 말인지 제대로 듣지 못한 경우)

❷ 전에는 알았는데 잊어서 지금은 모르는 경우

- Бабушка куда-то положила свои очки.
  할머니가 어딘 가에 자기 안경을 두셨는데.
  (전에는 알고 두셨는데 지금은 어디에 두었는지 잊으신 경우)

-НИБУДЬ가 붙은 경우

💬 화자는 누가, 무엇을, 언제 했는지 모르지만 그것이 중요하지 않은 경우. 이 때 중요한 것은 행위 주체가 아니라 행위 자체가 됩니다.

- Сегодня экзамен, студенты начали писать тест. У Маши нет ручки, она говорит: «Кто-нибудь, дайте ручку».
  오늘 시험이고 학생들은 시험을 치르기 시작했다. 마샤는 펜이 없다. 그녀가 말한다. ≪누구든 펜 좀 주세요.≫ (마샤는 누가 그녀에게 펜을 줄 지 모르지만, 중요한 것은 누구든 펜을 주는 것인 경우)

- Олег спросил Антона: «Ты ездил куда-нибудь или провёл каникулы дома?»
  올렉이 안톤에게 물었다: ≪너 어디든 다녀 왔니, 아니면 집에서 방학을 보냈니?≫ (지금 올렉이 알고 싶은 것은 어디든 다녀왔는지 아닌 지일 때. 어디를 갔다 왔는지가 관건이 아닌 경우

- - Ты куда – нибудь ездил летом?
    너 여름에 어디라도 다녀 왔니? (이 경우 중요한 것은 다녀왔는지 아닌지)
  - Да, ездил. 응, 다녀 왔어.
  - А куда? 어디로? (이 경우 중요한 것은 어디로 다녀왔는지)
  - В Германию. 독일로.

많은 학생들이 -то와 -нибудь의 쓰임을 종종 혼동하는데, 평서문과 의문문, 명령문에서 -то나 -нибудь로 된 표현을 정확하게 쓸 수 있어야 합니다.

먼저 의문문의 경우를 살펴 봅시다.

의문문	
-ТО	-НИБУДЬ
사용되지 않습니다.	① Ты когда-нибудь был в России? 너는 러시아에 가본 적이 있니? ② Кто-нибудь получил «2»? 2점을 받은 사람이 누구라도 있니? ③ Ты кому-нибудь говорил об этой проблеме? 너는 이 문제에 관해 누구에게 말한 적이 있니? ④ Ты куда-нибудь поедешь на каникулах? 너는 방학 때 어디라도 갈 거니?

이번에는 명령문을 살펴봅시다.

명령문	
-ТО	-НИБУДЬ
사용되지 않습니다.	① Кто-нибудь, дайте, пожалуйста, ручку. 누구든 펜 좀 주세요. ② Мама, приготовь что-нибудь вкусное. 엄마, 뭐든 맛있는 것 좀 해주세요. ③ Купи какой-нибудь русский сувенир. 어떤 거든 러시아 기념품을 사라. ④ Давай поедем куда-нибудь в субботу. 토요일에 어디든 가자.

이번에는 평서문을 봅시다.

평서문	
-ТО	-НИБУДЬ
현재시제	
발화 시점에 무언가를 하고 있는 경우 • Сейчас Вера что-то читает. 지금 베라가 무언가를 읽고 있다. • Как приятно пахнет! Мама готовит что-то вкусное. 진짜 좋은 냄새가 난다! 엄마가 무언가 요리하고 계시군.	적어도 1회 이상, 일반적으로 하고 있는 경우 • Вера всегда что-нибудь читает. 베라는 항상 무언가를 읽고 있다. • Мама часто готовит что-нибудь вкусное. 엄마는 종종 무언가 맛있는 것을 요리하신다.

과거시제	
무언가를 한 번 한 경우 • Кто-то позвонил папе. 　누군가 아빠에게 전화를 했다. • Маша где-то отдыхала летом. 　마샤는 여름에 어딘가에서 쉬었다.	전에 어떤 일을 자주 한 경우 • Раньше папе часто кто-нибудь звонил. 　전에 누군가 아빠께 자주 전화를 했었다. • Когда Маша была школьницей, она каждое лето где-нибудь отдыхала. 　마샤가 여고생이었을 때, 그녀는 여름마다 어딘가에서 휴가를 보냈다.
미래시제	
사용되지 않습니다.	• Завтра мама приготовит что-нибудь вкусное. 　내일 엄마가 무언가 맛있는 것을 만드실거야. • Летом мы поедем куда-нибудь. 　여름에 우리 어디든 가자.

⚠️ 주의하세요

НИБУДЬ와 충고구문

советовать (кому?) + 동사원형
(кто?) должен, должна, должны + 동사원형
(кому?) надо/ нужно + 동사원형
(кому?) нужен, нужна, нужно, нужны + 주격

충고구문은 사실 명령과 유사한 의미를 가지기 때문에 -нибудь와 결합하게 됩니다.

- Ты не знаешь, какое домашнее задание? Я советую тебе позвонить кому-нибудь и спросить.
  숙제가 어떤 건지 아니? 누구한테라도 전화해서 물어보렴.
- Тебе надо купить какие-нибудь фрукты.
  너는 어떤 과일이라도 사야해.
- Ты должна приготовить что-нибудь вкусное, потому что вечером у нас будут гости.
  내일 우리 집에 손님들이 오실 테니 너는 무언가 맛있는 것을 준비해야 한다.
- Мне нужна чья-нибудь помощь.
  누구든 저 좀 도와주세요(저에게는 누군가의 도움이 필요합니다).

⚠️ 주의하세요

-ТО와 -НИБУДЬ를 쓰는 기본 방법

① 의문문이나 명령문이라면 -нибудь를 사용해야 합니다.

② 평서문이라면 시제를 보아야 합니다.

　1) 미래시제이면 -нибудь를 사용해야 합니다.

　2) 과거시제라면, 1회 있었던 일에 대해서는 -то를, 그보다 자주 있었던 일이면 -нибудь를 사용합니다.

　3) 현재시제라면, 발화시점에서 일어나는 일이라면 -то를, 자주 일어나는 일에 관한 것이라면 -нибудь를 사용합니다.

③ 문장에 советовать, надо / нужно, должен, нужен (нужна, нужно, нужны) 등이 사용되었다면 -нибудь를 사용합니다.

연습문제 1 빈칸에 -то나 -нибудь를 적절한 형태로 넣어 문장을 만드세요.

> **예시**
> Ты познакомился с кем – _____ в Москве?
> → Ты с кем-нибудь познакомился в Москве?
> Летом обязательно поезжай куда – _____.
> → Летом поезжай куда-нибудь.
> Русский друг спросил меня о чём – _____, но я не понял его.
> → Русский друг спросил меня о чём-то, но я не понял его.
> Русские друзья часто спрашивают меня о чём – _____.
> → Русские друзья часто спрашивают меня о чём-нибудь.

❶ - Ты не знаешь, где Ира?

  - Не знаю, она почему – _____ не пришла.

❷ Вы когда – _____ были в России?

❸ Кто – _____ ходил вчера в Большой театр на балет «Золушка»?

❹ Сейчас в кинотеатре «Москва» идёт какой – _____ новый фильм, я забыла, как он называется.

❺ У тебя большие проблемы? Я советую тебе рассказать о них кому – _____.

❻ Сейчас дети играют в какую – _____ интересную игру. Они всегда играют во что – _____ интересное.

❼ На столе лежат чьи – _____ книги. Наверное, это книги Юрия.

❽ Тебе скучно? Тогда возьми в библиотеке какую – _____ интересную книгу.

❾ Ты каждый год проводишь каникулы дома. Это неинтересно. Тебе надо поехать куда – _____.

❿ Вы где – _____ отдыхали в этом году?

⓫ У кого – _____ есть свободное время? Помогите мне, пожалуйста.

⑫ Вот Вадим кому – _____ звонит, он с кем – _____ разговаривает и весело улыбается. Наверное, он разговаривает с Наташей, которая ему очень нравится.

⑬ - Мама, купи, пожалуйста, какую – _____ игрушку.

- Папа позвонил и сказал, что уже купил тебе какую – _____ игрушку.

⑭ - Ты что – _____ ел?

- Да, я пообедал в каком – _____ маленьком кафе.

⑮ Завтра ты пойдёшь куда – _____ или весь день будешь дома?

⑯ Вот идёт бабушка, у неё большая сумка. Она что – _____ купила на рынке. Она каждое утро что – _____ покупает.

⑰ Ты не знаешь, когда будет экскурсия? Позвони кому – _____ и спроси.

⑱ Максим о чём – _____ попросил Андрея, наверное, о помощи. В детстве он тоже всегда просил кого – _____ помочь ему.

⑲ Папа куда – _____ положил ключи от машины и не может найти их.

⑳ Мы не знаем, как сделать эту работу. Нам нужен чей – _____ совет.

> **⚠ 주의하세요**
>
> **- ЛИБО**
>
> 러시아어의 지시형용사나 의문부사는 -то나 -нибудь 외에도 -либо라는 소사와도 결합합니다: кто-либо, что-либо, кому-либо... где-либо, куда-либо...
> -либо는 -нибудь와 의미가 같지만, -нибудь보다 더 공식적인 뉘앙스를 지닙니다.

| **Б** | **접두사 кое-** |

의문사와 의문부사 앞에 접두사 кое-가 붙어 역시 불확정적인 의미를 표현하기도 합니다. 원래 кое-가 의문사와 의문부사 앞에 붙으면 '화자가 알기는 알지만 정확하게 말하고 싶어하지 않는 어떤 것'이라는 뉘앙스를 가집니다. 종종 사용되는 'кое+의문사/의문부사'의 용례를 익혀 회화나 글쓰기에 사용해 봅시다.

	의미	예
КОЕ-КАК	① 잘 못, 그럭저럭	• Мальчик учится кое–как. 소년은 공부를 잘 못한다. • - Он хорошо сделал эту работу? 그는 그 일을 잘 해 냈니? - Нет, сделал кое-как. 아니, 잘 못 했어.
	② 힘겹게, 간신히	• Этот экзамен очень трудный, Саша-отличник, но он кое–как получил «5». 이 시험은 매우 어려워서 사샤는 우등생이지만 간신히 5점을 받았다. • Она очень устала, кое–как идёт домой. 그녀는 너무 피곤해서 겨우 집으로 가고 있다.
КОЕ-ЧТО, КОЕ О ЧЁМ, КОЕ С ЧЕМ	조금, 몇 개 (단어, 아이디어, 생각 등)	• - Ты всё сделала? 너 전부 다 했어? - Нет, только кое–что, потому что устала. (= только немногое сделала) 아니, 겨우 조금만 했어. 너무 피곤했거든. • Твоя идея очень интересна, но я кое с чем не согласен. (= не согласна с некоторыми словами / мыслями) 네 아이디어는 굉장히 흥미롭지만 어떤 것들에는 동의할 수 없어. • Мы с Мариной подробно не разговаривали, только кое о чём. (= разговаривали только о некоторых делах) 나와 마리나는 자세하게 대화를 나누지는 못했어. 그저 몇 가지에 대해서만 이야기 했어.

КОЕ-КТО, КОЕ-КОГО, КОЕ У КОГО, КОЕ-КОМУ, КОЕ С КЕМ, КОЕ О КОМ 등	몇몇 사람들	• Кое-кто не сделал домашнее задание.
		(= Некоторые студенты не сделали д / з.)
		몇몇 사람들이 숙제를 안 했네요.
		• Кое-кто во время урока спит.
		(= Некоторые студенты во время урока спят.)
		몇몇 사람들이 수업 시간에 자고 있네요.
		• Кое у кого есть вопросы.
		(= У некоторых студентов есть вопросы.)
		몇몇 사람들이 질문이 있네요.
		• - У тебя много друзей?
		   너는 친구가 많니?
		  - Да, много.
		   응, 많아.
		• - Ты со всеми переписываешься?
		   너는 모두와 편지를 주고 받니?
		  - Нет, только кое с кем.
		   (= только с некоторыми)
		   아니, 몇 사람과만.
		• - Ты всем подругам рассказываешь свои секреты?
		   너는 모든 여자친구들에게 너의 비밀을 말하니?
		  - Нет, только кое-кому.
		   (= только некоторым.)
		   아니, 몇 사람들에게만.

КОЕ-ГДЕ
КОЕ-КУДА
	몇몇 장소	• На улице тепло, но кое-где лежит снег.
		(= в некоторых местах)
		바깥이 따뜻하지만 여기저기 눈이 있다.
		• - Ты путешествовал по Корее?
		   한국을 여행해 보았니?
		  а) - Да, был кое-где: в Тэгу, в Пусане.
		     (= был в немногих / некоторых местах).
		     네, 몇몇 곳에 가봤어요. 대구, 부산이요.
		  б) - Да, ездил кое-куда: в Тэгу, в Пусан.
		     (ездил в немногие / некоторые места)
		     네, 몇몇 곳에 다녀왔어요. 대구, 부산이요.

КОЕ-КАКОЙ	몇몇의	• - Тебе понравился новый диск этого певца? 이 가수의 새 음반이 맘에 들었어? - Не очень, понравились только кое-какие песни. (= только некоторые песни) 별로, 몇몇 노래만 마음에 들었어.

연습문제 2 주어진 예에 따라 문장을 만들어 보세요.

> **예시** Студенты нашего факультета собрались в аудитории 201, но некоторые студенты не пришли.
> → Студенты нашего факультета собрались в аудитории 201, но кое-кто не пришёл.

*кое-кто는 кто처럼 남성단수취급합니다.

❶ Почти все студенты хорошо сдали экзамен, только некоторые студенты получили «2».

   → _____.

❷ Саша очень плохо учится, и последний экзамен он сдал с большим трудом.

   → _____.

❸ Около университета много ресторанов. Но не во всех ресторанах вкусно готовят, только в некоторых.

   → _____.

❹ Не у всех корейцев есть дача, только у некоторых.

   → _____.

❺ Дети с удовольствием поют песни, но некоторым детям не нравится петь.

   → _____.

❻ Дождь кончился, но на дороге в некоторых местах большие лужи.

   → _____.

6-10과 종합문제

※ 주어진 질문에 답해보세요. (1-3)

1. 빈칸에 들어갈 최상급 형용사 중 적절하지 않은 것을 고르세요.

   • Несколько дней мы путешествовали по Волге – русской реке.

   a) крупнейшей
   b) широчейшей
   c) красивейшей
   d) длиннейшей

2. 빈칸에 들어갈 적절한 답을 고르세요.

   • «Мечта» – фильм Московского кинофестиваля.

   a) лучший
   b) наиболее лучший
   c) лучше всего
   d) лучше все

3. 아래의 문장 중 문법적으로 바르게 쓰여진 문장을 고르세요.

   a) «Байкал» – глубочайшее озеро мира.
   b) Мой друг Максим серьёзнее всего в нашей группе.
   c) «Реал Мадрид» – один из популярнейших команд Испании.
   d) В журнале мы прочитали об одном из самых известных российских писателей.

※ 빈칸에 들어갈 적절한 답을 고르세요. (4-12)

4.
   • Старший брат живёт в другом городе, но мы часто думаем _____ брате. Мы знаем, что _____ брат тоже часто думает о нас. Мы звоним _____ брату каждую неделю.

   a) о нашем; свой; своему
   b) о своём; свой; нашему
   c) о своём; наш; своему
   d) о нашем, наш; своему

5.
- Если поедешь в исторический музей, возьми _____ брата.

a) у себя
b) с собой
c) для себя
d) за собой

6.
- Вчера сестра посмотрела балет «Золушка», а мы ходили _____ балет.

a) разный
b) другой
c) на разный
d) на другой

(7-8)

7.
- Брат – прекрасный спортсмен, он занимается _____ видами спорта.

8.
- Мы с Натальей интересуемся _____ предметами: я – математикой, а она – литературой.

a) разными
b) другими
c) с разными
d) с другими

9.
- По ошибке я послал смс не _____ .

a) тот человек
b) с тем человеком
c) тому человеку
d) у того человека

6-10과 종합문제

(10-11)

10. • Софья _____ хорошо поёт!

11. • _____ Максим умный!

a) как b) так
c) какой d) такой

12. • Ты где-_____ потерял свой словарь? Тогда возьми у кого-_____ на неделю для подготовки к экзамену.

a) –то, –то b) –нибудь, –то
c) –нибудь, –нибудь d) –то, –нибудь

MEMO

제 11 과 부정의문대명사와 부정의문부사

A 부정의문대명사와 부정의문부사: ни-형

이번 과에서는 부정의문대명사(никто, никого, ни у кого, никому, ни с кем, ни о ком, ничего, ничему, ни с чем, ни о чём, никакой 등)와 부정의문부사(никуда, нигде, никогда, нисколько 등)에 관하여 살펴봅시다. 먼저 아래의 질문과 답변을 읽어 보세요.

- - Кто прочитал роман Л. Толстого «Воскресенье?»
    누가 톨스토이의 소설 〈부활〉을 읽었니?
  - Никто не прочитал. 아무도 안 읽었습니다.

- - Куда ты ездил летом? 너는 여름에 어디 갔다 왔어?
  - Я никуда не ездил. 아무데도 안 갔다 왔어.

연습문제 1 적합한 부정의문대명사와 부정의문부사를 사용하여 문장을 완성해 보세요.

❶ - Кого ты видел вчера в библиотеке?

   - Я никого не _____ .

❷ - Кому ты звонил вечером?

   - _____ .

❸ - С кем ты познакомился в Москве?

   - _____ .

❹ - О ком ты думаешь?

   - _____ .

❺ - У кого есть словарь?

- **Ни** у кого **нет** словаря.

❻ - У кого есть вопросы?

- _____ .

❼ - О чём ты мечтаешь?

- _____ .

❽ - Чем ты занимаешься?

- _____ .

❾ - Куда ты ходил вчера?

- Я никуда не ходил.

❿ - Где ты был в субботу?

- Я нигде не был.

⓫ - Когда папа отдыхает?

- _____ .

⓬ - Какую музыку ты любишь?

- _____ .

⓭ - Какой писатель тебе нравится?

- _____ .

⓮ -**Что** в сумке (есть)?

-В сумке **ничего** нет.

⑮ - **Что** ты купил?

   - Я **ничего** не купил.

⑯ - Что ты ел утром?

   - _____ .

⑰ - Что ты делал вчера вечером?

   - _____ .

아래의 예문들도 봅시다.

- Летом я никуда не поеду.
  여름에 나는 아무데도 안가.

- Я никогда не был в Петербурге.
  나는 페테르부르크에 가본 적이 없어.

- Весь день никто не звонит мне, и я никому не звоню.
  하루 종일 아무도 나에게 전화하지 않고, 나도 아무에게도 전화하지 않아요.

- Сегодня весь день я ничего не ел, поэтому очень голодный.
  오늘 하루 종일 나는 아무것도 안 먹었어. 그래서 아주 배가 고파.

연습문제 2 빈칸에 적절한 부정의문대명사와 부정의문부사를 넣어 보세요.

❶ Я _____ не разговаривал об этой проблеме.

❷ Мы _____ не встретили вчера в парке.

❸ Вчера вечером я _____ не ходил, весь день был дома.

❹ Вчера в магазине я _____ не купил, потому что у меня было мало денег.

❺ _____ нет свободного времени.

❻ Маша _____ не переписывается.

❼ Антон _____ не занимается, у него нет _____ хобби.

❽ Мама _____ не приготовила на ужин, поэтому мы поужинаем в ресторане.

❾ Я _____ видом спорта не занимаюсь.

❿ Она _____ не верит.

⓫ Вадим _____ не говорит о своих проблемах.

Б 부정의문사와 부정의문부사: не-형

의문사와 의문부사 앞에 не-가 붙을 경우 강세는 반드시 이 не-에 오게 됩니다.

не́кого, не́ у кого, не́кому, не́ с кем, не́ с чем, не́ о ком, не́ о чем; не́куда, не́где, не́когда

не-형 의문사와 의문부사는 종종 아래의 구문으로 사용됩니다.

> **구문** 여격 + не- 의문사/의문부사 + 동사원형

❶ - Почему ты никогда не звонишь друзьям?
왜 너는 친구들에게 전화를 안하니?

- У меня нет друзей, поэтому (мне) некому звонить.
나는 친구들이 없어. 그래서 전화를 걸 사람이 없어.

❷ - Почему твой брат не работает?
왜 너의 형은 일을 안 하시니?

- Ему негде работать. Он врач, но в нашей маленькой деревне нет больницы.
그는 일할 곳이 없어. 그는 의사인데 우리 작은 시골에는 병원이 없거든.

③ - Поставь на стол фрукты!
식탁에 과일을 놓으렴.

- (Мне) некуда поставить фрукты, на столе нет свободного места.
과일을 둘 곳이 없어요. 식탁에 빈 곳이 없어요.

④ - Я не знаю, как добраться до вокзала. Хочу спросить, но

- (мне) некого спросить, потому что сейчас ночь, на улице нет людей.
나는 어떻게 역까지 갈 수 있는 지 모르겠어요. 물어보고 싶지만, 물어볼 사람이 없어요. 지금은 밤이고 거리에는 사람이 없거든요.

⑤ - Давай пообедаем вместе.
같이 점심 먹자.

- Мне некогда, извини, давай пообедаем вместе в другой раз.
미안해, 나는 시간이 없어. 다음 번에 같이 점심 먹자.

💬 구어적 표현인 (кому некогда!)는 '~할 시간이 없다'는 뜻입니다. «Извини! Мне некогда! (미안해, 시간이 없어)»라는 표현은 아주 자주 사용되지만, 아무에게나 쓰기보다는 주로 친구나 가까운 사람들에게만 사용합니다.

연습문제 3 주어진 예를 보고 문장을 만들어 보세요.

> **예시**
> жениться (на ком?)
> → Саше не на ком жениться, потому что он живёт в маленькой деревне, в которой все девушки уже замужем.

❶ пойти в кино (с кем?)

→ _____.

❷ рассказать (кому?) о своих проблемах

→ _____.

❸ гулять (где?)

→ _____.

❹ разговаривать с Виктором (о чём?)

→ _____.

　　_____.

❺ повесить картину (куда?)

→ _____.

　　_____.

제 12 과 서수사와 기수사

A 수사

이번 과부터 몇 과에 걸쳐서 러시아어의 수사에 관하여 살펴보고자 합니다. 러시아어의 수사와 관련된 문법은 매우 복잡한 편이지만, 숫자가 일상의 삶과 밀접하게 연결되어 있는 만큼 꼼꼼하게 익혀야 합니다. 러시아어의 수사는 자체로 격변화를 하고, 서수사, 기수사, 집합수사, 분수 등 다양한 하위 문법들도 있습니다.

기수사 (сколько?)	서수사 (какой? который)	집합수사 (сколько?)	분수 (сколько?)
один(одна, одно, одни)	первый, – ая, – ое, – ые	двое	½ – одна вторая
два, две	второй, – а́я, – о́е, – ы́е	трое	0,5 – пять (деся́тых)
три	тре́тий, – ья, – ье, – ьи	четверо	
четыре	четвёртый	пятеро	3,08 – три це́лых во́семь со́тых
пять	пятый	шестеро	
шесть	шестой	семеро	
семь	седьмой	оба	
восемь	восьмой	много	
девять	девятый		
десять	десятый		

여러분은 이미 기수사와 서수사에 관하여 알고 있습니다. 아래의 표를 보며 이미 알고 있는 기수사와 서수사를 복습해 봅시다. 아래의 표에는 기수사와 서수사의 주격형만 기록해 두었는데, [ ] 표시에 기록한 발음에 주의하며 읽어보세요.

	기수사	서수사
1	один [адин], одна [адна], одно [адно], одни [адни]	первый, первая, первое, первые [первый, первая, первае, первые]
2	два, две	второй, вторая, второе, вторые [фтарой, фтарая, фтароe, фтарые]

3	три	тре́тий, [тре́тий] – ья, – ье, ьи
4	четы́ре [читы́ри]	четвёртый [читвёртый] – ая, – ое, ые
5	пять	пя́тый [пя́тый] – ая, – ое, ые
6	шесть [шэст]	шесто́й [шысто́й] – а́я, – о́е, ы́е
7	семь [сем / семь]	седьмо́й [сидьмо́й] – а́я, – о́е, ы́е
8	во́семь [во́сим]	восьмо́й [васьмо́й] – а́я, – о́е, ы́е
9	де́вять [де́вить]	девя́тый [дивя́тый] – ая, – ое, ые
10	де́сять [де́сить]	деся́тый [дися́тый] – ая, – ое, ые
11	оди́ннадцать [ади́нацать]	оди́ннадцатый [ади́нацатый] – ая, – ое, ые
12	двена́дцать	двена́дцатый [двина́цатый] – ая, – ое, ые
13	трина́дцать	трина́дцатый [трина́цатый] – ая, – ое, ые
14	четы́рнадцать [читы́рнацать]	четы́рнадцатый [читы́рнацатый] – ая, – ое, ые
15	пятна́дцать	пятна́дцатый [питна́цатый] – ая, – ое, ые
16	шестна́дцать [шисна́цать]	шестна́дцатый [шисна́цатый] – ая, – ое, ые
17	семна́дцать [симна́цать]	семна́дцатый [симна́цатый] – ая, – ое, ые
18	восемна́дцать [васимна́цать]	восемна́дцатый [васимна́цатый] – ая, – ое, ые
19	девятна́дцать [дивитна́цать]	девятна́дцатый [дивитна́цатый] – ая, – ое, ые
20	два́дцать	двадца́тый [дваца́тый] – ая, – ое, ые
30	три́дцать	тридца́тый [трица́тый] – ая, – ое, ые
40	со́рок	сороково́й [саракаво́й] – ая, – ое, ые
50	пятьдеся́т	пятидеся́тый [питидися́тый] – ая, – ое, ые
60	шестьдеся́т	шестидеся́тый [шыстидися́тый] – ая, – ое, ые
70	се́мьдесят	семидеся́тый [симидеся́тый] – ая, – ое, ые
80	во́семьдесят [во́симдисят]	восьмидеся́тый [васьмидися́тый] – ая, – ое, ые
90	девяно́сто	девяно́стый [дивино́стый] – ая, – ое, ые
100	сто	со́тый [сотый] – ая, – ое, ые
200	две́сти [две́сти]	двухсо́тый [двухсо́тый], – ая, – ое, ые
300	три́ста [три́ста]	трёхсо́тый [трёхсо́тый], – ая, – ое, ые
400	четы́реста [читы́риста]	четырёхсо́тый [читырёхсо́тый], – ая, – ое, ые

500	пятьсо́т [пицо́т]	пятисо́тый [питисо́тый], – ая, – ое, ые
600	шестьсо́т [шиссо́т]	шестисо́тый [шыстисо́тый], – ая, – ое, ые
700	семьсо́т [симсо́т]	семисо́тый [симисо́тый], – ая, – ое, ые
800	восемьсо́т [васимсо́т]	восьмисо́тый [васьмисо́тый], – ая, – ое, ые
900	девятьсо́т [дивицо́т]	девятисо́тый [дивитисо́тый], – ая, – ое, ые
1000*	ты́сяча [ты́сича] – сущ	ты́сячный [ты́сичный] – ая, – ое, ые
1,000,000*	миллио́н [миллио́н]	миллио́нный [миллионный] – ая, – ое, ые

* 천과 백 만은 각각 여성명사와 남성명사로 '명사'입니다. 따라서 명사 격변화를 합니다.

Б 기수사

여러분은 기수사가 «Ско́лько…?», «Как до́лго…?»나 «Когда́…?» 등의 질문에 대한 답으로 사용되었던 것을 기억할 것입니다.

- - Ско́лько сейча́с вре́мени?
    지금 몇 시야?
  - Сейча́с 10 часо́в.
    지금 10시야.

- - Ско́лько вам лет?
    당신은 나이가 어떻게 되시지요?
  - Мне 20 лет.
    저는 20살입니다.

- - Ско́лько сто́ит хлеб?
    빵이 얼마입니까?
  - Он сто́ит 32 рубля́.
    32루블입니다.

- - Ско́лько у вас бра́тьев и сестёр?
    형제 자매가 몇 명이나 되시나요?
  - У меня́ оди́н брат и две сестры́.
    저는 남자 형제 한 명과 여자 형제 두 명이 있습니다.

- - Как до́лго вы изуча́ете ру́сский язы́к?
    러시아어를 얼마나 오래 공부하셨나요?
  - Я изуча́ю его́ 5 ме́сяцев.
    5개월째 공부하고 있습니다.

- - Как долго ваша семья живёт в Сеуле?
    당신 가족은 얼마나 오래 서울에 거주하고 있나요?
  - Наша семья живёт в Сеуле 15 лет.
    우리 가족은 서울에서 15년간 살고 있습니다.
- - Как долго вчера вы гуляли в парке?
    당신은 어제 공원에서 얼마나 오랫동안 산책했나요?
  - Я гулял 2 часа.
    두 시간 동안 했습니다.
- - Когда ты обедаешь?
    너는 점심 언제 먹어?
  - Я обедаю в 12 часов.
    나는 12시에 먹어.

기수사는 단순기수사와 복합기수사로 나뉩니다. 단순기수사는 명칭이 말해주듯 한 단어로 된 수사이고 (два, одиннадцать, двадцать, сто…), 복합기수사는 두 단어나 그 이상의 단어로 만들어진 수사 입니다(двадцать два, сто пятьдесят четыре, тысяча пятьсот восемьдесят шесть…).

여러분은 지금껏 기수사의 주격형태만을 익혔는데, 원래 기수사도 명사나 형용사처럼 격변화를 합니다. 이제 그간 배우지 않았던 기수사의 격변화를 익혀봅시다.

주격	생격	여격	대격	조격	전치격
оди́н одна́ одно́ одни́	одного́ одно́й одного́ одни́х	одному́ одно́й одному́ одни́м	남성.중성 кого?= 생격* что? = 대격** 여성 -одну	(с)одни́м одно́й одни́м одни́ми	одно́м одно́й одно́м одни́х
два, две	двух	двум	кого? – двух* что?-два,две**	двумя́	двух
три	трёх	трём	кого? -трёх* что? -три**	тремя́	трёх
четы́ре	четырёх	четырём	кого?- четырёх* что? – четы́ре**	четырьмя́	четырёх
пять	пяти́	пяти́	пять	пятью́	пяти́
шесть	шести́	шести́	шесть	шестью́	шести́
семь	семи́	семи́	семь	семью́	семи́

주격	생격	여격	대격	조격	전치격
во́семь	восьми́	восьми́	во́семь	восемью́	восьми́
де́вять	девяти́	девяти́	де́вять	девятью́	девяти́
де́сять	десяти́	десяти́	де́сять	десятью́	десяти́
оди́ннадцать	оди́ннадцати	оди́ннадцати	оди́ннадцать	оди́ннадцатью	оди́ннадцати
двена́дцать	двена́дцати	двена́дцати	двена́дцать	двена́дцатью	двена́дцати
трина́дцать	трина́дцати	трина́дцати	трина́дцать	трина́дцатью	трина́дцати
два́дцать	двадцати́	двадцати́	два́дцать	двадцатью́	двадцати́
два́дцать два	двадцати́ двух	двадцати́ двум	два́дцать два	двадцатью́ двумя́	двадцати́ двух
два́дцать три	двадцати́ трёх	двадцати́ трём	два́дцать три	двадцатью́ тремя́	двадцати́ трёх
два́дцать четы́ре	двадцати́ четырёх	двадцати́ четырём	два́дцать четы́ре	двадцатью́ четырьмя́	двадцати́ четырёх
два́дцать пять	двадцати́ пяти́	двадцати́ пяти́	два́дцать пять	двадцатью́ пятью́	двадцати́ пяти́
три́дцать	тридцати́	тридцати́	три́дцать	тридцатью́	тридцати́
со́рок	сорока́	сорока́	со́рок	сорока́	сорока́
пятьдеся́т	пяти́десяти	пяти́десяти	пятьдеся́т	пятью́десятью	пяти́десяти
шестьдеся́т	шести́десяти	шести́десяти	шестьдеся́т	шестью́десятью	шести́десяти
се́мьдесят	семи́десяти	семи́десяти	се́мьдесят	семью́десятью	семи́десяти
во́семьдесят	восьми́десяти	восьми́десяти	во́семьдесят	восьмью́десятью восемью́десятью	восьми́десяти
девяно́сто	девяно́ста	девяно́ста	девяно́сто	девяно́ста	девяно́ста
сто	ста	ста	сто	ста	ста
две́сти	двухсо́т	двумста́м	две́сти	двумяста́ми	двухста́х
три́ста	трёхсо́т	трёмста́м	три́ста	тремяста́ми	трёхста́х
четы́реста	четырёхсо́т	четырёмста́м	четы́реста	четырьмяста́ми	четырёхста́х
пятьсо́т	пятисо́т	пятиста́м	пятьсо́т	пятьюста́ми	пятиста́х
шестьсо́т	шестисо́т	шестиста́м	шестьсо́т	шестьюста́ми	шестиста́х
семьсо́т	семисо́т	семиста́м	семьсо́т	семьюста́ми	семиста́х
восемьсо́т	восьмисо́т	восьмиста́м	восемьсо́т	восьмьюста́ми	восьмиста́х
девятьсо́т	девятисо́т	девятиста́м	девятьсо́т	девятьюста́ми	девятиста́х

* 수사 뒤의 명사가 활성명사일 때는 생격형과 동일.
** 수사 뒤의 명사가 불활성명사일 때는 대격형과 동일.

> ⚠ **주의하세요**

기수사 관련 유의사항

1. 기수사 один, одна, одно, одни는 주격의 형태는 명사처럼 보이지만, 생격, 여격, 조격, 전치격은 형용사처럼 변화합니다. 대격의 경우는 활성명사와 결합할 때는 생격처럼, 불활성명사와 결합할 때는 주격처럼 격변화합니다.

2. 기수사 2는 뒤에 오는 명사에 따라 주격에서 두 가지 형태를 가집니다. 남성/중성명사와 결합할 때는 два, 여성명사와 결합할 때는 две가 됩니다.

3. 복합수사의 경우 격변화시 복합수사를 이루는 모든 단어가 다 격변화 합니다.
   예) двадцать два (주격); двадцати двух (생격); двадцати двум (여격); двадцатью двумя (조격); двадцати двух (전치격)

4. тысяча(천)과 миллион(백만)은 수사가 아니라 명사입니다. 따라서 명사의 격변화를 하게 됩니다. тысяча나 миллион 뒤에 다른 숫자가 붙지 않고 0으로 끝나면(예를 들어 2000, 9,000,000) 뒤에 복수생격을 동반합니다.

주격	тысяча	миллион	
생격	тысячи	миллиона	
여격	тысяче	миллиону	+ 복수생격
대격	тысячу	миллион	
조격	тысячей	миллионом	
전치격	тысяче	миллионе	

이제 예문을 통하여 기수사가 어떻게 다양한 격으로 사용되는지 살펴봅시다.

주격	В городе миллион жителей / два миллиона жителей / пять миллионов жителей. 도시에는 백만 명의/이백만 명의/ 오백만 명의 거주자들이 있다.
생격	В этой деревне около тысячи / двух тысяч/ пяти тысяч жителей. 이 시골에는 약 천/이천/오천 명의 거주자들이 있다. В городе около миллиона / трёх миллионов/пяти миллионов жителей. 도시에는 약 백만/삼백만/오백만의 거주자들이 있다.
여격	Администрация университета послала электронные письма тысяче студентов / двум тысячам студентов / пяти тысячам студентов. 대학 행정실에서 천명의 학생들/이천 명의 학생들/오천 명의 학생들에게 이메일을 발송했다.

대격	Брат собрал тысячу марок / две тысячи марок / пять тысяч марок. 형은 천 개/이천 개/오천 개의 우표를 모았다.
조격	Когда я путешествовал по Африке, я встретился с тысячей (с миллионом) проблем, с двумя тысячами (миллионами) проблем / с пятью тысячами (миллионами) проблем. 아프리카를 여행할 때 나는 천(백만)/이천(이백만)/오천(오백만) 개의 문제와 마주쳤다.
전치격	Жители города рассказывают о тысяче (о миллионе) проблем / о двух тысячах (о двух миллионах) проблем / о пяти тысячах (о пяти миллионах) проблем. 도시 주민들은 천(백만)/이천(이백만)/오천(오백만) 개의 문제에 관해 이야기한다.

사실 수사의 격변화는 러시아인들에게도 쉽지 않은 문법입니다. 러시아어를 모국어로 사용하는 화자들도 종종 수사 격변화에서 실수를 범합니다.

아래의 예문들을 통해 수사의 격변화와 수사가 동반하는 명사의 격변화를 주의해서 살펴봅시다. 복합수사는 모든 부분이 다 격변화하며, 동반하는 명사가 단수가 아니라면 주격 이외의 격에서는 모두 복수로 격변화시켜야 합니다. 여러분이 기억하고 있는 '1 + 주격, 2~4 + 단수생격, 5~20 + 복수생격'은 모두 주격 기수사에 해당하는 문법입니다. 이 외의 격에서는 단수가 아니라면 모두 복수 격변화해야 합니다.

ПОЗНАКОМИТЬСЯ (С КЕМ?): ~와 인사하다, 알게 되다

- В молодёжном лагере мы познакомились с 256 (двумястами пятьюдесятью шестью) студентами.
  청년캠프에서 우리는 256명의 학생들과 알게 되었다.

ЗАДАТЬ ВОПРОС (КОМУ?): ~에게 질문하다

- Социологи задали вопрос 3,487 (трём тысячам четырёмстам восьмидесяти семи) жителям города.
  사회학자들은 3,487명의 시민들에게 질문했다.

ЗАБОТИТЬСЯ (О КОМ?): ~을 돌보다

- Сотрудники зоопарка заботятся о 22 (двадцати двух) слонах, 148 (ста сорока восьми) обезьянах, 2,364 (двух тысячах трёхстах шестидесяти четырёх) попугаях.
  동물원 종사자들은 코끼리 22마리, 원숭이 148마리, 앵무새 2,364마리를 돌본다.

> ⚠️ **주의하세요**
>
> **3,487 ЖИТЕЛЯМ ГОРОДА vs. 3000 ЖИТЕЛЕЙ ГОРОДА**
>
> 아래의 예문들을 주의깊게 살펴봅시다. 3,487명의 도시 거주민들에게 질문을 한다고 할 때는 원래의 격에 맞게 жителям, 즉 복수 여격이 사용되지만, 3,000명의 주민들에게 질문한다고 할 때는 жителей로 복수 생격이 옵니다. 이는 옹근 숫자인 1,000, 2,000, 3,000, 혹은 1,000,000, 2,000,000 등이 올 때는 뒤에 복수생격이 와야 하기 때문입니다.
>
>> • Социологи задали вопрос 3,487 (трём тысячам четырёмстам восьмидесяти семи) жителям города.
>> 사회학자들은 3,487명의 도시 거주민들에게 질문했다.
>>
>> • Социологи задали вопрос 3,000 (трём тысячам) жителей города.
>> 사회학자들은 3,000명의 도시 주민들에게 질문했다.
>
> 아래의 예문도 동일한 맥락에서 이해할 수 있습니다. 2,364마리의 앵무새를 돌본다고 할 때는 원래의 격대로 попугаях, 즉 전치격이 오지만, 2,000마리를 돌본다고 할 때는 복수생격이 오게 됩니다.
>
>> • Они заботятся о 2,364 попугаях.
>> 그들은 2,364마리의 앵무새들을 돌본다.
>>
>> • Они заботятся о 2,000 попугаев.
>> 그들은 2,000마리의 앵무새들을 돌본다.

러시아인들도 수사 격변화에서 종종 실수를 범한다고 했지만, 아나운서나 각종 TV, 라디오프로그램 진행자, 기자, 특파원, 통역사, 그리고 교사들은 정확한 수사 격변화를 구사합니다.

러시아인들이 가장 자주 사용하는 수사의 격은 주격, 대격, 생격입니다. 따라서 우리는 수사의 이 세 가지 격을 보다 상세하게 살피고자 합니다. 다른 격들의 수사 격변화에 관한 지식은 나중에 통역사가 되거나 러시아어 교사로 일할 분들에게는 반드시 필요하지만, 일상회화에서는 그렇게까지 완전하게 구사하지 못해도 큰 불편은 없습니다.

B 기수사 주격

1. 기수사 주격 + 명사

여러분은 이미 기수사 주격과 명사가 어떻게 결합하는지 알고 있습니다. 기억을 되살리기 위해 아래의 표를 봅시다.

1, 21, 31, 101, 131, 261, 1,751...	단수주격
2, 3, 4, 22, 23, 24, 32, 33, 34, 123, 283, 1,564...	단수생격
5-11, 12, 13, 14 -20, 25-30, 35-40, 45-50, 55-60...	복수생격

이제 이런 '주격수사 + 명사'의 규칙이 적용된 용례들을 봅시다.

구문

У КОГО ЕСТЬ	КТО?	ЧТО?
У меня (есть)	один брат / одна сестра. два брата / две сестры. три, четыре брата / сестры. пять братьев / сестёр.	один словарь / одна книга /одно письмо. два словаря / две книги / два письма. три, четыре словаря / книги / письма. пять словарей / книг / писем.

연습문제 1 빈칸에 주격수사와 명사를 바른 형태로 넣으세요.

❶ У брата _____. (8, друг и подруга)

❷ Антону нравятся _____. (2, девушка)

❸ В нашем университете _____.

  (3, стадион; 6, общежитие; 4, библиотека)

❹ На этом факультете _____.

  (1,502, студент; 38, преподаватель)

❺ В библиотеке _____.

  (2,587, журнал; 14,742 газета; 8,201, книга)

❻ Здесь _____.

  (3,252, человек; 2,314, дети)

❼ На столе лежит _____.

  (2, яблоко; 2, груша; 5, банан)

2. 기수사 주격 + 동사

이번에는 기수사 주격과 동사의 결합에 관하여 살펴봅시다. 예를 들어 ≪학생 두 명이 창가에 서 있다≫는 문장을 러시아어로 옮긴다고 해봅시다. два가 단수생격을 지배하기 때문에 студент는 복수주격이 아니라 단수생격의 형태가 되는데, 그러면 동사는 어떻게 해야 할까요? 두 명이니까 они로 생각하여 복수형 동사를 써야 할까요, 아니면 два студента에서 студента가 단수생격이니 단수형 동사를 써야 할까요?

아래의 네 문장 중 문법적으로 바른 문장을 골라보세요.

- A. Два студента <u>стоит</u> около окна.
- B. Два студента <u>стоят</u> около окна.
- C. Пять студентов <u>стоят</u> около окна.
- D. Пять студентов <u>стоит</u> около окна.

이 문제에 답하기 위해서는 먼저 명사의 의미를 살펴야 합니다. 명사가 활성명사인지, 불활성명사인지에 따라 동사의 활용이 달라지기 때문입니다.

a) 활성명사의 경우 동사활용

수사 + 활성명사		동사 현재형	동사 과거형
1, 21, 31, 121...	студент, слон	стоит	стоял
1, 21, 31...	студентка, собака	стоит	стояла
2, 3, 4, 22, 34, 132...	студента, слона, студентки, собаки	стоят	стояли
5 - 20, 25 - 30...	студентов, слонов студенток, собак	стоит / стоят	стояло / стояли

따라서 위의 문장 중 맞는 문장은 B, C, D입니다.

b) 불활성명사의 경우 동사활용

아래의 문장들 중 어떤 문장이 맞는 문장일까요?

- A. Два стула <u>стоит</u> около окна.
- B. Два стула <u>стоят</u> около окна.
- C. Пять стульев <u>стоит</u> около окна.
- D. Пять стульев <u>стоят</u> около окна.

아래의 표를 보며 그 답을 찾아봅시다.

수사 + 불활성명사		동사 현재형	동사 과거형
1, 21, 31, 121...	стол	стоит	стоял
	книга	стоит	стояла
	кресло	стоит	стояло
2, 3, 4, 22, 34, 132...	стола / книги / кресла	стоит	стояло
5-20, 25-30..	столов / книг / кресел	стоит	стояло

불활성 명사의 경우는 모두 단수형 동사와 결합하기 때문에 위의 네 문장 중 맞는 문장은 A 와 C입니다.

연습문제 2

A) 보기의 동사 중 빈칸에 들어갈 알맞은 형태의 동사를 골라 넣으세요.

> 보기   СТОЯЛ, СТОЯЛА, СТОЯЛО, СТОЯЛИ

❶ 263 человека _____ на площади.

❷ 961 учебник _____ на полке.

❸ 345 книг _____ в шкафу.

❹ 21 девочка _____ около школы.

❺ 4 пакета молока _____ в холодильнике.

❻ 8 мальчиков _____ на стадионе.

❼ 6 тарелок _____ на столе.

❽ 2 преподавателя _____ около аудитории.

Б) 보기의 동사 중 빈칸에 들어갈 알맞은 형태의 동사를 골라 넣으세요.

> 보기   ПРИШЁЛ, ПРИШЛА, ПРИШЛО, ПРИШЛИ

❶ Сегодня _____ 2 письма.

❷ На лекцию _____ 22 студента.

❸ Сегодня на урок не _____ 5 школьниц.

❹ Перед Новым годом _____ 8 открыток от друзей.

❺ К нам _____ 12 гостей.

❻ Вчера на лекцию по истории _____ 131 человек.

연습문제 3 빈칸에 **лежать** 동사의 현재형과 과거형을 넣으세요.

> **예시**　　На столе _____ / _____ 2 письма.
> → На столе лежит/лежало 2 письма.

❶ В портфеле _____ / _____ 6 учебников.

❷ В больнице _____ / _____ 248 человек.

❸ На диване _____ / _____ 2 мальчика.

❹ На пляже _____ / _____ 27 девочек.

❺ Около дома _____ / _____ 3 собаки.

❻ Около дома _____ / _____ 5 коров.

❼ На лугу _____ / _____ 31 корова.

❽ На полу _____ / _____ 4 кота.

❾ На полу _____ / _____ 11 мячей.

제13과 수사의 생격과 대격

A 기수사 생격형과 명사

이번에는 기수사와 생격의 문제를 살펴보도록 합시다. 먼저 아래의 문장들을 읽으면서 수사의 생격, 그리고 그와 결합하는 명사의 형태에 주목해 보세요.

- Школьники написали тест, у одного студента нет ошибок, а у двадцати одного студента много ошибок.
  학생들이 시험을 치렀는데, 한 학생은 실수가 없고(틀린 것이 없고), 21명의 학생은 실수가 많다(많이 틀렸다).

위의 문장에서 у одного의 одного는 기수사의 생격이고, студента는 명사의 단수생격형입니다.

이번에는 다른 문장을 봅시다.

- На нашем курсе сорок семь студентов, у двадцати двух студентов хорошие оценки по английскому языку, а у двадцати пяти студентов – не очень хорошие.
  우리 학년에는 47명의 학생들이 있는데, 22명의 학생은 영어 성적이 좋고, 25명의 학생은 그다지 좋지 않다.

у двадцати двух에서 двадцати двух가 기수사 생격형이라면, студентов는 명사의 복수생격형입니다. 또 у двадцати пяти의 двадцати пяти가 기수사의 생격형이라면, студентов는 명사의 복수생격형입니다.

- Вчера я делал домашнее задание около двух часов.
  어제 나는 두 시간가량 숙제를 했다.
- На экскурсию поехало около пятидесяти человек.
  50명의 사람이 견학을 갔다.

위의 문장에서 двух는 기수사의 생격, часов는 명사의 복수생격형이고, 아래 문장에서 пятидесяти는 기수사의 생격형이고 человек는 명사의 복수생격형입니다.

그렇다면 어떤 문법 규칙에 의해 이런 결합이 가능해지는 걸까요?

1. 생격형 수사가 1이나 1로 끝나는 경우(단 11은 제외!)는 단수생격형 명사를 동반

- У од<u>ного</u> студент<u>а</u> / двадцати од<u>ного</u> студент<u>а</u>~
- У од<u>ной</u> студентк<u>и</u> / двадцати од<u>ной</u> студентк<u>и</u>~

2. 이 외의 모든 수사의 생격형 뒤에는 복수생격형 명사 사용

- Сегодня на лекции нет <u>двух /двадцати двух студентов/студенток.</u>
  오늘 수업에 두 명/ 스물 두 명의 학생/여학생이 없다.
- Сегодня на лекции нет <u>трёх /двадцати трёх студентов /студенток.</u>
  오늘 수업에 세 명/ 스물 세 명의 학생/여학생이 없다.
- Сегодня на лекции нет <u>четырёх /двадцати четырёх студентов /студенток.</u>
  오늘 수업에 네 명/스물 네 명의 학생/여학생이 없다.

종종 2~4까지의 숫자, 혹은 2~4로 끝나는 수사 뒤에 단수 생격이 온다는 규칙을 기억하며 명사의 단수 생격형을 쓰는 학생들이 있는데, 이 규칙은 수사의 주격형 뒤에 오는 명사들의 규칙입니다. 따라서 수사가 생격으로 쓰일 때는 그 수사가 1이거나, 11을 제외하고 1로 끝나는 수사인 경우 외에는 뒤에 복수생격형 명사를 써야 합니다.

> **⚠ 주의하세요**
>
> ### ДВАДЦАТИ ДВУХ СТУДЕНТОВ
>
> 아래는 학생들이 수사주격형의 규칙, 즉 2 – 4까지의 숫자나 2 – 4로 끝나는 숫자 뒤에는 단수생격명사가 온다는 규칙을 기억하고 있어서 자주 범하게 되는 실수입니다. 비문이므로 익힐 필요는 없습니다. 외국인이 러시아어를 공부할 때 어떤 실수를 범하는 지만 기억해 두면 됩니다.
>
> - Сегодня на лекции нет двух (двадцати двух) <u>студента*/ студентки.*</u>
>   трёх (двадцати трёх) <u>студента*/ студентки.*</u>
>   четырёх (двадцати четырёх) <u>студента*/ студентки.*</u>
>
> 위의 세 문장은 모두 비문입니다.

연습문제 1 빈칸에 기수사의 생격과 명사를 올바른 형태로 넣으세요.

❶ Сегодня на лекции нет _____. (8, студент)

❷ У _____ (27, девочка) нет учебников.

❸ Вчера на экскурсии не было _____. (2, мальчик)

❹ Я не могу поехать на автобусе, у меня нет _____ (23, рубль), потому что я потеряла кошелёк.

❺ Отец работает в этой фирме около _____. (35, год)

❻ Брат жил в России более _____. (4, месяц)

❼ Лена готовилась к экзамену около _____. (12, час)

❽ Мы с Антоном познакомились не менее _____ (3, год) назад.

Б 기수사 생격형을 사용하는 구문들

이번에는 기수사의 생격형을 사용하는 대표적인 구문들을 살펴봅시다.

구문 1 С ~ ДО ~: ~부터 ~까지

- Отец работает с восьми часов до шести (часов).
  아버지는 8시부터 6시까지 일하신다.

- Обычно брат занимается в библиотеке до десяти часов.
  보통 동생은 도서관에서 10시까지 공부한다.

- Я занимался в библиотеке с трёх часов до четырёх (часов).
  나는 도서관에서 3시부터 4시까지 공부했다.

- Позвони мне завтра до трёх часов.
  내일 나에게 세 시까지 전화해라.

- Экзамен будет с девяти часов.
  시험은 9시부터 있을 거야.

- В нашей фирме обед с часа (с часу) до двух (часов).
  우리 회사의 점심시간은 1시부터 2시까지이다.

> ⚠️ **주의하세요**
>
> **С ЧАСА ДО ДВУХ**
>
> 한 시부터라고 할 때는 один을 따로 쓰지 않습니다. 위의 문장은 비문이고 아래의 문장이 정확한 문장입니다.
>
> > В нашей фирме обед с одного часа до двух.*
> > В нашей фирме обед с часа до двух.

구문 2 ОКОЛО + 생격: 약 ~, В ТЕЧЕНИЕ + 생격: ~ 시간의 흐름 속에서

- На нашем факультете около 450(четырёхсот пятидесяти) студентов.
  우리 단과대학에는 약 450명의 학생들이 있다.
- В нашем городе около 800(восьмисот) жителей.
  우리 도시에는 약 800명의 주민들이 있다.
- В России около 142,000,000(ста сорока двух миллионов) человек.
  러시아에는 약 1억 4천 2백만 명의 사람이 있다.
- Расстояние от Москвы до Владивостока около 9,288(девяти тысяч двухсот восьмидесяти восьми) километров.
  모스크바에서 블라디보스토크까지의 거리는 약 9,288 킬로미터이다.
- Брат изучает английский язык в течение пятнадцати лет.
  형은 15년간 영어를 공부하고 있다.
- Из Сеула в Москву самолёт летит около десяти часов.
  서울에서 모스크바까지 비행기가 약 10시간가량 날아간다.
- Вчера я занимался в библиотеке около трёх часов.
  어제 도서관에서 나는 약 세 시간 정도 공부했다.
- Вчера я занимался в библиотеке в течение трёх часов.
  어제 도서관에서 나는 세 시간 동안 공부했다.

구문 3 (НЕ) БОЛЕЕ / (НЕ) МЕНЕЕ + 생격: ~보다 더 많(지 않)다/적(지 않)다

- В Корее более пятидесяти миллионов человек.
  한국에는 오천 만이 넘는 사람이 있다.
- Средняя зарплата в этой компании более 40,000(сорока тысяч) рублей.
  이 회사의 평균 급여는 사만 루블이 넘는다.
- Я подрабатываю в кафе и получаю менее 400(четырёхсот) долларов.
  나는 카페에서 아르바이트를 하여 400불이 조금 못되게 받는다.
- Я думаю, этому человеку не менее 70(семидесяти)лет.
  이분은 연세가 70보다 적지는 않으신 것 같다.
- Я не знаю точно, какая сейчас температура, но думаю, что не более тридцати градусов.
  지금 기온이 어떻게 되는지 정확히 모르지만, 30도가 넘지는 않는 것 같다.

(не) более / (не) менее는 주로 문어에서 사용되며, 구어에서는 잘 사용하지 않습니다.

연습문제 2 앞서 익힌 구문들을 사용하여 문장을 완성하여 보세요.

> **예시** Я завтракаю с ~до~
> → Я завтракаю с восьми до восьми тридцати.

Обычно я встаю в 7 часов. С _____ до _____ я умываюсь, одеваюсь, готовлю завтрак. Я завтракаю с _____ до _____, потом я иду в университет. Утром с _____ я слушаю лекции. В 12 часов мы с друзьями идём в студенческую столовую. Там мы обедаем в течение _____. После обеда до _____ мы снова слушаем лекции, потом идём в библиотеку, там мы занимаемся с _____ до _____.

Мы очень любим играть в баскетбол, поэтому идём на стадион и играем до _____. Мы ужинаем с _____ до _____.

Обычно я возвращаюсь домой в 8 часов, с _____ до _____ я смотрю телевизор, играю в компьютерные игры.

Я ложусь спать в 12 часов и сплю до _____.

연습문제 3 괄호 안에 주어진 수사와 명사를 알맞은 형태로 쓰세요.

❶ Утром на дороге была пробка, поэтому я ехал в университет около _____. (2, час)

❷ В этом музее более _____. (850, картина)

❸ Мы пригласили на фестиваль около _____. (180, гость)

❹ Брат был в Москве более _____ (3, месяц), а отец около _____. (6, месяц)

❺ Я изучаю русский язык менее _____ (3, год), а сестра более _____. (8, год).

❻ Я готовился к экзамену по русской истории в течение _____. (2, день).

❼ Студенты готовились к фестивалю более _____. (10, день).

❽ Младший брат играет в компьютерные игры каждый день не менее _____ (4, час), а делает домашнее задание не более _____. (20, минута)

❾ В нашем городе около _____ (740,000 житель)

❿ Я читал роман Толстого в течение _____. (3, неделя)

B 기수사 대격형과 명사

이번에는 대격형 수사의 쓰임을 살펴봅시다. 먼저 아래의 표를 주의 깊게 읽어보세요.

1, 21, 31...	
	활성명사
	• Я знаю студента / студентку. 　　　одного / двадцать одного студента. 　　　одну / двадцать одну студентку. 나는 학생/여학생을 안다. 　한 명/스물한 명의 학생을 안다. 　한 명/스물한 명의 여학생을 안다.
	불활성명사
	• Я прочитал журнал / книгу. 　　　один / двадцать один журнал. 　　　одну / двадцать одну книгу. 나는 잡지/책을 읽는다. 　한 권/스물한 권의 잡지를 읽는다. 　한 권/스물한 권의 책을 읽는다.
2, 3, 4, 22, 23, 24...	
	활성명사
	• Я знаю **двух / трёх / четырёх** студентов. 　　　**двух / трёх / четырёх** студенток. 나는 두 명/세 명/네 명의 학생을 안다. 　두 명/세 명/네 명의 여학생을 안다. • Я знаю двадцать **два** / двадцать **три** студента. 　　　двадцать **две** / двадцать **три** студентки. 나는 스물두 명/스물세 명의 학생을 안다. 　스물두 명/스물세 명의 여학생을 안다.
	불활성명사
	• Я прочитал **два / три / четыре** журнала. 　　　**две / три / четыре** книги 　　　двадцать **два** журнала /двадцать **три** журнала. 　　　двадцать **две** книги /двадцать **три** книги. 나는 두 권/세 권/네 권의 잡지를 읽었다. 　두 권/세 권/네 권의 책을 읽었다. 　스물두 권/스물세 권의 잡지를 읽었다. 　스물두 권/스물세 권의 책을 읽었다.

5, 6... 25, 26...	활성명사
	• Я знаю пять / семь / десять студентов / студенток. двадцать / сорок / сто студентов / студенток. тысячу / две тысячи / пять тысяч студентов / студенток. 나는 다섯 명/일곱 명/열 명의 학생/여학생을 안다. 스무 명/마흔 명/백 명의 학생/여학생을 안다. 천 명/이천 명/오천 명의 학생/여학생을 안다.
	불활성명사
	• Я прочитал пять / семь / десять журналов / книг. двадцать / сорок журналов / книг. тысячу / две тысячи / пять тысяч журналов / книг. 나는 다섯 권/일곱 권/열 권의 잡지/책을 읽었다. 스무 권/마흔 권의 잡지/책을 읽었다. 천 권/이천 권/오천 권의 잡지/책를 읽었다.

특히 활성명사의 경우, 2-4, 혹은 2-4로 끝나는 수사들의 대격이 활성명사와 어떻게 결합하는지를 주의해서 보세요.

1. 2-4의 수사가 활성명사와 결합할 경우 대격형은 **двух, трёх, четырёх**가 쓰이고, 뒤에 오는 명사는 활성명사 복수 대격형을 사용

   - Я знаю **двух / трёх / четырёх** студентов.
     나는 두 명/세 명/네 명의 학생들을 안다.
   - Я знаю **двух / трёх / четырёх** студенток.
     나는 두 명/세 명/네 명의 여학생들을 안다.

2. 2-4로 끝나는 합성수사(22, 23, 24 / 32, 32, 34 / 42, 43, 44 / 52, 53, 54 /... 164, 283, 652 등)가 활성명사 대격과 결합할 때는 **двух, трёх, четырёх**가 아니라 **два, две, три, четыре**를 사용하고, 뒤에 오는 명사는 생격단수형을 사용

   - Я знаю **двадцать два** студента / **сорок три** студента /**сто шестьдесят четыре** студента.
     나는 22명/43명/164명의 학생들을 안다.
   - Я знаю **двадцать две** студентки / **сорок три** студентки /**сто шестьдесят четыре** студентки.
     나는 22명/43명/164명의 여학생들을 안다.

연습문제 4 수사와 명사의 대격을 바른 형태로 넣으세요.

❶ В этой группе двадцать четыре студента. Я хорошо знаю _____ _____ (2, студент) и не знаю _____ _____. (22, студент)

❷ В библиотеке двадцать четыре книги на русском языке. Я прочитал _____ (2, книга) и не прочитал _____ _____. (22, книга)

❸ В магазине я купил _____ (4, яблоко), _____ (5, груша), _____. (23, мандарин)

❹ Этот фотограф вчера на празднике сфотографировал _____ _____ (32, человека). Потом он увидел _____ _____ (2, собака), они были очень милыми, поэтому их он тоже сфотографировал.

❺ В зоопарке мы видели _____ (3, слон), _____ _____ (5, медведь), _____ _____. (24, обезьяна)

❻ Вадим вчера написал _____ (2, письмо) девушкам. Он одновременно любит _____. (2, девушка).

❼ На нашем факультете пятьдесят восемь преподавателей. Я хорошо знаю _____ (33, преподаватель) и не знаю _____ (25, преподаватель). Я часто прошу _____ (4, преподавателей) помочь мне.

단어 слон 코끼리 | медведь 곰 | обезьяна 원숭이

제14과 서수사의 용법

A 서수사: 기본형

여러분은 이미 서수사를 알고 있고, 또 서수사가 형용사처럼 격변화하는 것도 알고 있습니다. 서수사는 какой, какая, какое, какие? 혹은 который, которая, которое, которые? 혹은 когда...?(날짜, 연도 등에 관한 것일 때)를 사용하는 질문의 답으로 종종 사용됩니다.

- - Какое сегодня число?
    오늘 며칠인가요?

  - Сегодня двадцать шестое апреля.
    오늘은 4월 26일입니다.

- - В каком году ты родился?
    너는 몇 년도에 태어났니?

  - Я родился в тысяча девятьсот девяносто девятом году.
    나는 1999년에 태어났어.

- - В каком(котором) доме ты живёшь?
    너는 어떤 동에 사니?

  - Я живу в сто пятом доме.
    나는 105동에 살아.

- - На каком этаже вы живёте?
    당신들은 몇 층에 사시나요?

  - Мы живём на третьем этаже.
    우리는 3층에 살아요.

- - На каком курсе вы учитесь?
    당신은 몇 학년인가요?

  - Я учусь на втором курсе.
    저는 2학년입니다.

- - Когда (Какого числа?) будет экзамен?
    시험이 언제야?(며칠에 있어?)

  - Экзамен будет девятнадцатого июня.
    시험은 6월 19일에 있어.

- - Когда (В каком году?) вы окончили школу
  언제(몇 년도에) 당신은 고등학교를 졸업하셨나요?
- - Я окончил школу в две тысячи восемнадцатом году.
  저는 고등학교를 2018년에 졸업했습니다.
- - Когда родился брат?
  형은 언제 태어났어?
- - Он родился первого июля две тысячи седьмого года.
  그는 2007년 7월 1일에 태어났어.

서수사는 문법적으로 형용사와 같은 격변화를 합니다.

- Это новЫЙ дом.
- Я говорю о новОМ доме.

- Это первЫЙ дом.
- Я говорю о первОМ доме.

1. 서수사 второй, шестой, седьмой, восьмой의 어미에는 항상 강세

남성 기본형이 -ой였던 형용사들, 예를 들어 большо́й, плохо́й, молодо́й, голубо́й 등의 경우 항상 어미에 강세가 왔던 것과 같은 원리입니다.

주격	второ́й, шесто́й, седьмо́й, восьмо́й дом / втора́я квартира / второ́е общежитие / вторы́е брюки
생격	второ́го, шесто́го, седьмо́го, восьмо́го / второ́й… / вторы́х
여격	второ́му, шесто́му, седьмо́му, восьмо́му / второ́й… / второ́му… / вторы́м
조격	вторы́м, шесты́м, седьмы́м, восьмы́м / второ́й… / вторы́ми
전치격	о второ́м, о шесто́м, о седьмо́м, о восьмо́м / о второ́й… / о вторы́х

2. 나머지 서수사들은 어미에는 강세가 없음

남성 기본형이 -ой인 형용사들을 제외한 형용사 어미에는 강세가 오지 않는 것과 같은 원리입니다.

пе́рвый урок, на четвёртом курсе, на пя́том этаже, в девятна́дцатой квартире, тридца́того сентября

3. 서수사 третий는 어미 변화가 불규칙

서수사 третий는 어미가 불규칙하게 변화하므로 따로 익혀 두어야 합니다.

주격	тре́тий дом / тре́тья кварти́ра / тре́тье общежи́тие / тре́тьи брю́ки
생격	тре́тьего / тре́тьей / тре́тьего / тре́тьих
여격	тре́тьему / тре́тьей / тре́тьему / тре́тьим
조격	тре́тьим / тре́тьей / тре́тьим / тре́тьими
전치격	о тре́тьем о тре́тьей / о тре́тьем / о тре́тьих

Б 단순형 서수사와 복합형 서수사

서수사에도 한 단어로 이루어진 단순형 서수사와 두 단어 이상으로 이루어진 복합형 서수사가 있습니다.

단순형 서수사	복합형 서수사
пе́рвый	два́дцать пе́рвый
оди́ннадцатый	две́сти три́дцать восьмо́й
пятидеся́тый	ты́сяча сто со́рок тре́тий
двухсо́тый	три ты́сячи шестьсо́т во́семьдесят девя́тый

⚠ 주의하세요

서수사의 격변화

복합형 서수사는 격변화 할 때 단어 전체가 아니라 마지막 단어만 격변화 합니다.

- Сего́дня три́дцать пе́рвое декабря́. 오늘은 12월 31일이다.
- Он роди́лся в девяно́сто второ́м году́. 그는 92년에 태어났다.
- Мы живём в две́сти шесто́й кварти́ре. 우리는 206호 아파트에 산다.

아래와 같은 문장들은 비문입니다.

- Сего́дня тридца́тое* пе́рвое декабря́.
- Он роди́лся в девяно́стом* второ́м году́.
- Мы живём в двухсо́той* шесто́й кварти́ре.

B 서수사의 용법

이번에는 서수사의 다양한 용법을 살펴봅시다.

1. 날짜, 연도, 일과 월, 월과 연도

a) 날짜

여러분이 이미 알고 있는 것처럼 날짜는 서수사를 사용하여 표현하고, 복합 서수사의 경우 마지막 단어만 형용사형으로 격변화합니다.

- - Какое сегодня число? 오늘 며칠이지?
  - Сегодня двадцать пятое мая. 오늘은 5월 25일이야.
- - Когда ты поедешь в Москву? 너는 모스크바로 언제 가지?
  - Я поеду в Москву двадцать пятого мая. 나는 5월 25일에 모스크바로 가.

> ⚠ **주의하세요**
>
> ### 달의 명칭과 강세
>
> 달의 명칭과 생격변화시 강세의 위치를 다시 한번 기억해 봅시다.
>
> | 주격 | 생격 |
> |---|---|
> | янва́рь | января́ |
> | февра́ль | февраля́ |
> | ма́рт | ма́рта |
> | апре́ль | апре́ля |
> | май | ма́я |
> | ию́нь | ию́ня |
> | ию́ль | ию́ля |
> | а́вгуст | а́вгуста |
> | сентя́брь | сентября́ |
> | октя́брь | октября́ |
> | ноя́брь | ноября́ |
> | дека́брь | декабря́ |

б) 연도

알고 있는 것처럼 연도도 서수사를 사용하여 표현하고, 복합 서수사의 경우 마지막 단어만 형용사형으로 격변화합니다.

- - Какой сейчас год? 지금이 몇 년도지?
  - Сейчас тысяча девятьсот девяносто девятый год. 지금은 1999년이야.
  - Сейчас две тысячи восемнадцатый год. 지금은 2018년이야.
  - Сейчас двухтысячный год. 지금은 2000년이야.
- - Когда отец ездил в Москву? 아버지가 언제 모스크바에 다녀오셨지?
  - Он ездил в Москву в тысяча девятьсот девяносто девятом году.
    아버지는 1999년에 모스크바에 다녀오셨어.
  - Он ездил в Москву в две тысячи восемнадцатом году.
    아버지는 2018년에 모스크바에 다녀오셨어.
  - Он ездил в Москву в двухтысячном году.
    아버지는 2000년도에 모스크바에 다녀오셨어.

в) 日과 月

여러분이 알고 있는 것처럼 일과 월 중 일은 서수사로 표현합니다. 월은 일 뒤에 생격형으로 결합합니다.

- - Когда родился отец? 아버지는 언제 태어나셨지?
  - Отец родился двадцать первого мая тысяча девятьсот шестьдесят второго года.
    아버지는 1962년 5월 21일에 태어나셨어.

г) 月과 年

'몇 년 몇 월에' 하는 식으로 월과 연도만 표현할 때는 월은 전치격형태로, 연도는 생격형태로 결합합니다.

- - Когда сестра вышла замуж? 누나가 언제 시집을 갔지?
  - Сестра вышла замуж в марте две тысячи восемнадцатого года.
    누나는 2018년 3월에 시집을 갔어.

2. 학년

초·중·고등학교의 학년을 뜻하는 단어와 대학의 학년을 뜻하는 단어가 다릅니다. класс는 초·중·고등학교의 학년을, курс는 대학의 학년을 뜻합니다.

- Брат учится в первом классе. 동생은 1학년이다.
- Сестра учится на втором курсе. 누나는 대학 2학년이다.

3. 층

러시아어로 '층'은 **этаж**이고 층을 표현할 때는 서수사를 쓰고 '~층에'는 '**на**+전치격'으로 표현합니다.

- **Мы живём на пятом этаже.** 우리는 5층에 삽니다.

4. 순서

순서 역시 당연히 서수사를 사용하여 표현합니다.

- **Антон – моя первая любовь.**
  안톤은 내 첫사랑이다.
- **Сегодня третий урок – математика.**
  오늘 세 번째 수업은 수학이다.
- **Июль – второй месяц лета.**
  7월은 여름의 두 번째 달이다.
- **Их первый сын родился в 1991 году, а второй (сын)– в 1995.**
  그들의 첫째 아들은 1991년에 태어났고, 둘째 아들은 1995년에 태어났다.
- **Первая жена Сергея была врачом, а вторая – учительницей.**
  세르게이의 첫 아내는 의사였고, 둘째 아내는 교사였다.
- **Джон Кеннеди был тридцать пятым президентом Америки.**
  존 케네디는 미국의 35번째 대통령이었다.

> ⚠ **주의하세요**

기수사와 서수사의 혼용

때로 러시아어에서는 몇 가지 경우들에 기수사와 서수사를 혼용하여 사용합니다.

1 교통수단

- Я еду на автобусе № 5 (номер пять). Я еду на пятом автобусе.
  나는 5번 버스를 탄다.

2 아파트 동, 호수, 강의실이나 연구실 호수

- Я живу в доме № 1 (номер один), в квартире № 102 (номер сто два).
  Я живу в первом доме в сто второй квартире.
  나는 1동 102호에 산다.

- Лекция будет в аудитории № 303 (номер триста три).
  Лекция будет в триста третьей аудитории.
  수업은 303호에서 있을 예정이다.

3 쪽 수

- Прочитайте диалог на странице № 15 (номер пятнадцать).
  Прочитайте диалог на пятнадцатой странице.
  15쪽에 있는 대화문을 읽으세요.

이제 서수사와 기수사의 격변화를 표로 정리해봅시다. 격변화시 서수사는 마지막 단어만 변화하는 반면, 기수사는 모든 단어가 변화한다는 사실을 기억해 주세요.

서수사

① 날짜

- - Какое сегодня число? 오늘은 며칠입니까?
  - Сегодня двенадцатое июня. 오늘은 6월 12일입니다.
- - Когда Маша пойдёт в театр? 마샤는 언제 극장에 갈 거야?
  - Маша пойдёт в театр двадцать пятого. 마샤는 6월 25일에 극장에 갈 거야.

② 연도

- - Какой сейчас год? 지금이 몇 년도이지?
  - Сейчас две тысячи восемнадцатый год. 지금은 2018년이야.
- - Когда родился брат? 남동생은 언제 태어났어?
  - Брат родился в тысяча девятьсот девяносто первом году.
    남동생은 1991년에 태어났어.

③ 날짜, 달, 연도

- - Когда родился брат? 남동생은 언제 태어났어?
  - Брат родился первого сентября тысяча девятьсот девяносто второго года.
    남동생은 1992년 9월 1일에 태어났어.

④ 학년

- - В каком классе учится брат? 남동생은 몇 학년이니?
  - Брат учится в шестом классе. 남동생은 6학년이야.
- - На каком курсе ты учишься? 너는 몇 학년이니?
  - Я учусь на втором курсе. 나는 2학년이야.

⑤ 층

- - На каком этаже вы живёте? 당신은 몇 층에 사십니까?
  - Мы живём на пятом этаже. 우리는 5층에 삽니다.

⑥ 순서

- - Антон – (это) какая твоя любовь? 안톤은 네 어떤 사랑이니?
  - Антон – моя первая любовь. 안톤은 내 첫사랑이야.

기수사

① 주격

- - Сколько сейчас времени? 지금 몇 시입니까?
  - Сейчас <u>два часа / пять часов</u>. 지금은 2시/5시입니다.
  - Сейчас <u>три часа сорок пять минут</u>. 지금은 3시 45분입니다.
- - Сколько у тебя друзей / словарей? 너는 친구가 얼마나 되니/사전이 몇 개나 있니?
  - У меня есть <u>три друга / три словаря</u>. 나는 친구가 세 명이야/사전이 세 개야.
- - Сколько тебе лет? 너는 몇 살이니?
  - Мне <u>двадцать два года / двадцать пять лет</u>. 나는 스물 두 살이야/나는 스물 다섯 살이야.
- - Сколько стоит книга? 책이 얼마야?
  - Книга стоит <u>сто сорок пять рублей</u>. 책이 145 루블이야.

② 생격

- Вчера я занимался **около / более / менее** <u>трёх часов</u>.
  어제는 나는 대략 세 시간/세 시간 보다 더/세 시간 보다 덜 공부했어.
- Я ждал подругу **около / более / менее** <u>тридцати пяти минут</u>.
  나는 친구를 35분 정도/35분보다 더/35분보다 덜 기다렸어.
- Вчера я занимался **с** <u>двух (часов)</u> **до** <u>четырёх (часов)</u>.
  어젠 나는 두 시부터 네 시까지 공부했어.
- Я ждал подругу **в течение** <u>сорока минут</u>.
  나는 여자친구를 40분 동안 기다렸어.
- У <u>трёх друзей</u> есть машины.
  세 명의 친구는 자동차가 있어.
- На лекции **нет** <u>двадцати пяти студентов</u>.
  강의에 25명의 학생이 없다.
- На нашем факультете **около** <u>ста двадцати иностранцев</u>.
  우리 단과대학에는 약 120명의 외국인들이 있다.
- Отец работает в банке **более / менее** <u>двадцати трёх лет</u>.
  아버지는 은행에서 23년 이상/23년이 못 되게 적게 일하셨다.
- Он учился в России **в течение** <u>пяти месяцев</u>. 그는 러시아에서 5개월 동안 공부했다.

③ 대격

- - Во сколько / когда ты пойдёшь в библиотеку?
    몇 시에/언제 너는 도서관에 갈 거니?
  - Я пойду в библиотеку в два часа / в пять часов.
    나는 두 시에/다섯 시에 도서관에 갈 거야.
- - Как долго ты изучаешь русский язык?
    너는 얼마 동안 러시아어를 공부하고 있니?
  - Я изучаю русский язык три года / пять лет.
    나는 러시아어를 3년 동안(째)/5년 동안(째) 배우고 있어.
- - Сколько книг ты купил? 너는 몇 권의 책을 샀니?
  - Я купил <u>пять книг</u>. 나는 다섯 권의 책을 샀어.

연습문제 1 괄호 안에 주어진 단어를 활용하여 빈칸에 서수사와 명사를 적절한 형태로 넣으세요.

❶ Я живу _____ (8, этаж), а моя

подруга _____. (16)

❷ Сегодня _____. (29, март)

Экзамен будет _____. (20, июнь)

❸ Наша семья ездила в Америку _____.
(август, 2017 г)

❹ Олег окончил университет _____.
(2005 г)

❺ Друг учится _____. (4, курс)

❻ _____ (708, аудитория) находится

_____. (7, этаж)

❼ Тебе лучше поехать на _____.
(1,112, автобус)

❽ Брат родился _____.
(22, сентябрь, 2001)

❾ Антон Чехов родился _____

(1860 г), а умер _____.
(1904 г)

❿ Запомните новые слова на _____.
(161, страница)

⓫ Я живу _____ (353, дом),

_____.
(1,406, квартира)

14과 서수사의 용법 167

연습문제 2 괄호 안에 주어진 단어를 활용하여 빈칸에 서수사와 명사를 적절한 형태로 넣으세요.

❶ Сегодня _____. (30, март)

❷ Мы поедем в Сеул _____. (31, март)

❸ Сейчас _____. (1997 г)

❹ Отец родился _____.
(1962 г)

❺ Мама родилась _____
_____. (24.07.1973)

❻ Брат учится _____. (6, класс), а сестра
_____. (2, курс)

❼ Профессор работает _____.
(514, кабинет)

❽ Я еду в университет _____
(116, автобус), а мой друг _____.
(34, автобус)

연습문제 3 괄호 안에 주어진 단어를 활용하여 기수사와 서수사 중 필요한 것을 택하여 적절한 형태로 넣으세요.

❶ Мы поедем в Петербург _____. (26, август)

❷ В нашем городе более _____ (10, театр)
и не менее _____. (20, музей)

❸ Каждый день с _____ (9:00) до _____ (3:00) я слушаю лекции в университете. Я слушаю лекции в течение _____. (6, час)

❹ Наша семья живёт в _____

_____. (101, дом; 235 квартира; 6, этаж)

❺ Вчера был праздник Чусок. Мы ездили в Пусан к бабушке и дедушке. На дороге была большая пробка, поэтому мы ехали до Пусана около _____. (22, час) / Мы ехали до Пусана в течение _____. (22, час)

❻ Старший брат родился _____

_____ (14,12,1987), а я родилась _____

_____. (1993 г)

❼ В нашем университете более _____ (6,000, студент) и около _____. (150, профессор)

❽ Сегодня _____ (11, октябрь), а _____

_____. (15, октябрь) я поеду на остров Чеджу.

❾ После экзамена Миша с друзьями весело проводил время до _____

_____ (3, час) ночи, а Виктор до _____ (5, час) утра. Они развлекались около _____ (8, час). Потом Миша ехал домой более _____ (час), а Виктор ехал домой около _____

_____. (3, час)

제 15 과 집합수사

A 집합수사

학자마다 견해가 조금씩 다르기는 하지만, 집합수사는 크게 세 범주로 나누어 볼 수 있습니다.

1. 두 개, 세 개, 네 개 등

   дво́е, тро́е, че́тверо, пя́теро, ше́стеро, се́меро, во́сьмеро, де́вятеро, де́сятеро

   (* восьмеро, девятеро, десятеро는 보통 사용하지 않습니다.)

2. 양쪽 모두의, 두 개 다의

   о́ба / о́бе

3. 많은/적은

   (не)много / (не)мало

> ⚠ **주의하세요**
>
> ### (НЕ)МНОГО / (НЕ)МАЛО
>
> (не)много / (не)мало는 집합수사로도 쓰이지만 여러분이 아는 것처럼 부사로도 쓰입니다. 그런데 집합수사로 쓰일 때와 부사로 쓰일 때 그 문법 활용이 다릅니다.
>
> **1** 부사 (НЕ)МНОГО / (НЕ)МАЛО + 동사
>
> - много / мало спать, есть, работать...
>   많이/적게 잔다, 먹는다, 일한다...
>
>   много, мало의 비교급 형태인 больше, меньше도 부사로 사용됩니다.
>
> - больше / меньше заниматься, гулять...
>   더 많이/더 적게 공부한다, 산책한다...
>
> **2** 집합수사 (НЕ)МНОГО / (НЕ)МАЛО + 명사
>
> - много / мало детей, овощей...
>   아이들, 야채가 많다/적다

Б 집합수사 ДВОЕ, ТРОЕ, ЧЕТВЕРО, ПЯТЕРО, ШЕСТЕРО, СЕМЕРО

이 그룹의 수사는 총 9개의 단어로 구성되어 있습니다. 그중 사용빈도가 높은 것은 6개입니다. 집합수사들은 격변화를 하지만 주로 주격, 대격으로 많이 사용되기 때문에 주격, 대격 활용을 자세히 살펴봅시다. 집합수사가 명사와 결합할 때 뒤에 오는 명사는 복수생격형으로 결합합니다.

У меня двое детей   / двое брюк.
        трое детей   / трое брюк.
        четверо детей   / четверо брюк.
        пятеро детей   / пятеро брюк.
        шестеро детей   / шестеро брюк.

이제 이러한 집합수사의 활용을 꼼꼼하게 살펴봅시다.

1. 상시복수명사와 결합: БРЮКИ, ОЧКИ, НОЖНИЦЫ, СУТКИ 등

여러분이 아는 것처럼, 원래, 2, 3, 4는 주격형으로 사용될 때 단수생격형과 결합하지만, 상시복수명사에는 단수생격형이 없습니다. 따라서 상시복수명사는 два, три, четыре가 아니라 двое, трое, четверо와 복수생격형으로 결합합니다.

У меня ~
один костюм, одна рубашка, одно платье   одни брюки
два костюма, две рубашки, два платья   двое брюк
три костюма, три рубашки, три платья   трое брюк
четыре костюма, рубашки, платья   четверо брюк
пять костюмов, рубашек, платьев   пять брюк / пятеро брюк
шесть костюмов, рубашек, платьев   шесть брюк / шестеро брюк

상시복수명사가 5이상의 숫자와 결합할 때는 원래 복수생격형과 결합하기 때문에 집합수사를 사용할 수도 있고, 수량수사를 사용할 수도 있습니다. 일반적으로는 수량수사가 더 많이 사용됩니다.

연습문제 1 집합수사를 사용하여 질문에 답하세요.

❶ Сколько у бабушки очков?

→ _____ .

❷ Сколько на столе ножниц?

→ _____ .

❸ Сколько в вашей квартире часов?

→ _____ .

❹ Сколько у твоей сестры духов?

→ _____ .

❺ Сколько суток обычно едет поезд из Новосибирска в Москву?

→ _____ .

2. 남성을 지칭하는 명사들, БРАТ, СЫН, МУЖ, ДЕДУШКА, МАЛЬЧИК, СТУДЕНТ, МУЖЧИНА 등과 결합(물론 이 경우에는 수량수사와도 결합 가능)

У меня	один брат.		--------
	два брата	/	двое братьев
	три брата	/	трое братьев
	четыре брата	/	четверо братьев
	пять братьев	/	пятеро братьев
	шесть братьев	/	шестеро братьев
	семь братьев	/	семеро братьев
	восемь братьев	/	--------

하지만 двое, трое 같은 집합수사는 여성을 지칭하는 명사들과는 결합하지 않습니다. «У меня две / три сестры.»는 가능한 문장이지만, « У меня двое* / трое* сестёр.»는 비문입니다.

3. ДЕТИ와 결합

- **В этой семье четверо детей.** 이 가정에는 네 명의 아이들이 있다.
- **- Сколько у вас детей?** 당신은 아이가 몇 명입니까?
  - **Двое.** 두 명입니다.

연습문제 2 가능한 곳에 집합수사를 주격 형태로 넣으세요. 집합수사를 사용할 수 없는 곳에는 X표를 하세요.

❶ В этой команд _____ (4, мальчик) и _____. (3, девочка)

❷ У этой певицы было _____. (3, муж)

❸ В нашей семье _____ (2, дети), а в семье Егора - _____. (3, дети)

❹ На остановке автобуса стоят _____ (7, мужчина) и _____. (2, женщина)

❺ Эти _____ (4, футболист) очень хорошо играют.

❻ У бабушки _____. (2, очки)

❼ _____ (5, дети) играют в парке.

연습문제 3 빈칸에 수량수사나 집합수사 중 적절한 것을 골라 알맞은 형태로 넣어 보세요. 두 가지가 모두 가능한 경우는 수량수사와 집합수사를 모두 사용하세요.

> **예시**
> 2, мальчик – два мальчика / двое мальчиков
> 2, девочка – две девочки / X

❶ 3, женщина → _____.

❷ 5, теннисист → _____.

❸ 4, дедушка → _____.

❹ 2, учительница → _____.

❺ 7, иностранец → _____.

❻ 3, друг → _____.

❼ 3, англичанка → _____.

❽ 2, японец → _____.

❾ 3, мужчина → _____.

❿ 4, подруга → _____.

B 집합수사 ОБА, ОБЕ

óба, óбе는 두 개를 뜻할 때 사용하는 집합수사입니다. 자세한 활용을 살피기에 앞서 먼저 이 단어의 격변화를 살펴봅시다.

	ОБА (남성)	ОБА (중성)	ОБЕ (여성)
주격	óба студента / журнала	óба письма	óбе студентки / книги
생격	обóих студентов / журналов	обóих писем	обéих студенток / книг
여격	обóим студентам / журналам	обóим письмам	обéим студенткам / книгам
대격	обóих студентов óба журнала	óба письма	обéих студенток óбе книги
조격	обóими студентами / журналами	обóими письмами	обéими студентками / книгами
전치격	обóих студентах / журналах	обóих письмах	обéих студентках / книгах

집합수사 óба, óбе는 수량수사 два, две처럼 두 개의 수량을 지칭할 때 사용됩니다. 하지만 그 활용에는 명백한 차이가 있습니다.

먼저 два, две는 수량을 지칭합니다.

- Вчера я купил две рубашки.
  어제 나는 셔츠 두 장을 샀다.

이 문장을 «Вчера я купил обе рубашки.*»라고 쓰면 이는 비문입니다.

반면, óба, óбе는 '양자 모두'라는 의미를 지닙니다. 따라서 이 단어가 사용되기 위해서는 먼저 그 앞에 두 개의 사물/사람에 대한 언급이 있어야 합니다.

- В магазине я увидел две рубашки - синюю и жёлтую. Они мне понравились, поэтому я купил обе (рубашки).
  상점에서 나는 푸른 셔츠와 노란 셔츠, 두 장을 보았다. 그것들이 아주 맘에 들어서 나는 두 장 모두를 샀다.
- У меня два брата Саша и Миша, оба (брата) учатся в Сеульском университете.
  나는 두 명의 형제 사샤와 미샤가 있는데, 둘 다 서울대생들이다.
- У Антона две подруги – Света и Таня. Он любит обеих (подруг).
  안톤에게는 두 명의 여자 친구, 스베타와 타냐가 있다. 그는 그 둘을 다 사랑한다.
- Обычно я обедаю в кафе «Весна» или в кафе «Лето», в обоих (кафе) вкусно готовят пельмени.
  보통 나는 카페 〈봄〉이나 〈여름〉에서 점심을 먹는다. 두 카페 모두 펠메니를 맛있게 한다.

한 가지 주의할 것은 оба, обе는 동종의 대상을 지칭할 때만 사용된다는 점입니다. 예를 들어 아래의 문장은 비문입니다.

- В магазине мне понравились **юбка** и **рубашка**. Я купил обе.*
  상점에서 치마와 셔츠가 마음에 들었다. 나는 둘 다 샀다.

같은 맥락에서 아래의 문장 역시 비문입니다.

- У меня есть **брат** и **сестра**. Оба учатся в Сеульском университете.*
  나는 형과 누나가 있다. 둘 다 서울대생이다.

연습문제 4 оба – обе를 정확하게 사용하여 문장을 마무리해 보세요.

❶ Вчера я послушал две лекции - по русской истории и по экономике.

Мне понравились _____.

❷ У меня есть русские друзья – Сергей и Юрий. Я часто пишу _____

_____.

❸ У меня есть две русские подруги – Соня и Лера, _____

_____ я познакомился в Москве.

❹ В субботу мы посмотрели фильм «Первая любовь», в воскресенье – «Друг»

Мне _____ не понравились.

❺ Сначала я учился в Московском университете, а потом в Петербургском.

_____ были хорошие программы.

❻ Больше всего мне нравятся Франция и Италия. На летних каникулах я

поеду _____ .

연습문제 5 주어진 단어들을 사용하여 문장을 완성하세요. 수량수사를 정확하게 사용하여 쓰세요.

❶ На экскурсию едут _____ .
(2, экскурсовод / 23, турист)

❷ В этом зоопарке есть _____

_____ . (2, слон / 5, волк / 3, лиса / 44 обезьяна)

❸ Вчера я занимался в библиотеке более _____ (4, час),

а брат около _____ (час).

❹ Этому молодому человеку около _____ (25, лет), а этой

девушке не более _____ . (22, год)

❺ В этом городе около _____

(37,500, житель). А в этой деревне _____ .
(281, житель)

❻ В пятницу было _____ (22, градус), в субботу – _____ (25, градус), сегодня _____ (21, градус), а завтра будет около _____. (30, градус)

연습문제 6 괄호 안에 주어진 단어를 보고 수량수사와 서수사를 사용하여 적절한 형태로 빈칸을 채우세요.

❶ Брат поступил в школу _____. (1998)

❷ Брату нравятся _____. (3, девушка)

❸ Обычно папа начинает работать _____. (8: 30)

❹ Мы жили в Пусане более _____ (4, год), а в Сеуле живём около _____. (22, год)

❺ Брат писал доклад более _____ (3, день), а сестра около _____. (2, день)

❻ Я поеду к бабушке _____. (27, июль)

❼ - Какое завтра будет число?
 - _____. (31, май)

❽ - Когда у вас будет последний экзамен?
 - _____. (22, июнь)

❾ В этом доме _____ (2, кошка). У _____ (2, кошка) есть маленькие котята.

11-15과 종합문제

※ 빈칸에 들어갈 적절한 답을 고르세요.(1-11)

1.
   - Вчера был праздник, ты получила много подарков?
   - Нет, _____ не подарил.

   a) никому; ничто
   b) никто; ничего
   c) ни с кем; ничему
   d) ни у кого; ничем

2. У меня много проблем, но _____ рассказать о них, потому что у меня нет близких друзей.

   a) некому
   b) никому
   c) некогда
   d) никогда

3. Мы занимались в библиотеке около _____ : с 15:00 до 17:45.

   a) три часа
   b) трое часов
   c) трёх часов
   d) третьего часа

4. В музее более _____ картин.

   a) четыреста шестьдесят восьмых
   b) четыреста шестьдесят восьми
   c) четырёхсот шестидесятых восьмых
   d) четырёхсот шестидесяти восьми

11-15과 종합문제

5. • Вчера в большом зоопарке мы видели _____.

   a) двадцать два тигра　　　　　b) двадцати двух тигра
   c) двадцать двух тигров　　　　d) двадцати двух тигров

6. • Мы живём в _____ доме.

   a) семьсот сорок три　　　　　b) семьсот сорок третьем
   c) семисот сороковом три　　　d) семисот сороковом третьем

7. • Я поеду к бабушке _____ июня.

   a) двадцать шестое　　　　　b) в двадцать шестое
   c) двадцать шестого　　　　　d) двадцатого шестого

8. • Сергей родился _____.

   a) январь две тысячи первом году
   b) января две тысячи первого года
   c) в январе две тысячи первом году
   d) в январе две тысячи первого года

9. • Сегодня 28 градусов, вчера _____ 31.

   a) был　　　　　b) была
   c) было　　　　d) были

10. • У меня _____.

a) два брата и два сестры
b) четверо братьев и трое сестёр
c) четыре брата и двое сестёр
d) трое братьев и четыре сестры

11. • Коля и Ваня всегда говорят правду, я верю _____.

a) обоих
b) обоим
c) обеих
d) обеим

12. 수사 «обе»의 쓰임이 부정확한 문장을 고르세요.

a) Мои родители отправили мне посылку с фруктами и посылку с овощами, обе я получил сегодня утром.

b) Мои подруги Марина и Вика поступили на физический факультет, обе хорошо знают физику и математику.

c) Я подарила маме на день рождения сумку, а младший брат – картину, которую нарисовал сам. Маме понравились обе.

d) В Москве мы ходили в Большой театр на оперы «Евгений Онегин» и «Князь Игорь». Мы с удовольствием послушали обе.

제16과 집합수사: много

A 집합수사 много, немного, мало, немало

여러분이 알고 있는 것처럼 집합수사 много, немало 등은 양이 많고 적음을 표현할 때 사용합니다. 이 과에서 우리는 주로 много의 활용을 꼼꼼하게 살필 예정이지만, мало, немало, немного 등도 문법 규칙은 모두 много와 동일하다는 것을 기억하세요.

먼저 이 책의 1과에서 명사를 살피며 우리는 много가 가산명사와 결합할 때는 복수생격형을 취하고, 불가산명사와 결합할 때는 단수생격형을 취한다는 것을 배웠습니다.

много друзей 많은 친구　　много книг 많은 책　　много писем 많은 편지
много брюк 많은 바지　　много риса 많은 쌀　　много лука 많은 양파
много молока 많은 우유　много золота 많은 금

이는 немного, мало, немало에도 동일하게 적용됩니다.
한 가지 기억할 것은 много는 주격과 대격 두 가지 격만 가진다는 점입니다.

- У меня есть много друзей. → У кого? есть 주격 - (много 주격 друзей)
  나는 친구들이 많다.
- Я купил много книг. - купить + 대격 → (много 대격 книг)
  나는 많은 책들을 샀다.

따라서 주격과 대격 이외의 격을 취하는 동사나 전치사의 자리에 много를 사용한 아래의 문장들은 모두 비문입니다.

- Я позвонил много друзей.* (позвонить + 여격)
- Я говорю о много книг.* (говорить о + 전치격)
- Мы познакомились с много детей.* (познакомиться с + 조격)
- У много студентов* есть хорошие словари. (у + 생격)

Б 집합수사 много의 주격형

앞서 언급한 대로 집합수사 много는 주격과 대격으로만 사용되는데 먼저 집합수사 много의 주격형을 살펴봅시다. 집합수사 много의 주격형 뒤에는 명사 생격이 오는데, 아래는 자주 사용되는 구문들입니다.

1. 집합수사 много는 быть 동사의 현재/과거/미래형과 자주 사용

이 외에도 유사한 의미를 지니는 동사 находиться와도 종종 사용됩니다.

| у кого? | есть / было / будет | кто? -что? |
| где? | находится / находилось / будет находиться | |

아래의 예문들을 봅시다.

- У меня (есть) много друзей/ много ручек / много времени.
  나는 친구들/펜들/시간이 많다.
- В нашем городе много университетов / много школ.
  우리 도시에는 대학/고등학교가 많다.
- В нашем университете много студентов и преподавателей.
  우리 대학에는 학생들과 교수님들이 많다.
- Раньше у меня было много свободного времени.
  전에 나는 여가시간이 많았다.
- Завтра в нашем университете будет много гостей.
  내일 우리 대학에는 손님들이 많이 오실 것이다.
- Здесь (находится) много маленьких магазинов.
  여기에는 작은 상점들이 많다.
- Раньше здесь находилось много маленьких магазинов.
  전에 여기에는 작은 상점들이 많았다.
- Скоро здесь будет находиться много маленьких магазинов.
  곧 여기에는 작은 상점들이 많이 생길 것이다.

위와 같은 구문에서 현재형 be동사나 находится 등은 종종 생략되지만, 과거형 동사나 (было, находилось) 미래형 동사(будет, будет находиться)는 시제를 표현하기에 반드시 써주어야 합니다.

2. '누구에게/~에 무엇이 있다' 구문에서도 'много + 명사 생격'이 종종 사용

у кого?	(есть)	кто?-что?
где?	было	
	будет	

«В больнице работает много врачей.»라는 문장은 «В больнице (есть) много врачей.»라는 문장으로 치환이 가능합니다. 물론 의미는 조금 달라지게 되지만, 유사한 뜻을 전할 수 있습니다. 아래의 예문들을 살펴보세요.

- В парке <u>гуляет</u> много детей. 공원에서 많은 아이들이 산책을 한다.
- В парке (есть) много детей. 공원에 많은 아이들이 있다.
- В нашем университете <u>учится</u> много иностранцев.
  우리 대학에서는 많은 외국인들이 공부한다.
- В нашем университете (есть) много иностранцев.
  우리 대학에는 많은 외국인들이 있다.
- На столе <u>лежало</u> много писем.
  탁자 위에는 많은 편지들이 놓여 있었다.
- На столе было много писем.
  탁자 위에는 많은 편지들이 있었다.
- Скоро у меня <u>появится</u> много свободного времени.
  곧 나는 여가시간이 많이 생겨날 것이다.
- Скоро у меня будет много свободного времени.
  곧 나에게 많은 여가시간이 있을 것이다.

3. '~에게 무엇이 필요하다' 구문에도 много의 주격과 명사 생격이 결합하여 종종 사용

кому?	нужно (필요하다)	+	주격

- Мне нужно много времени.
  나는 많은 시간이 필요하다.
- Если ты хочешь учиться в Америке, тебе нужно много денег.
  만일 네가 미국에서 공부하고 싶다면, 너는 많은 돈이 필요하다.

⚠ 주의하세요

В НАШЕМ УНИВЕРСИТЕТЕ МНОГО СТУДЕНТОВ.

'много+ 명사'구는 문장 첫 머리에 주어로 올 수 없습니다. 예를 들어 아래의 문장들은 비문입니다.

- Много друзей поздравило меня с Новым годом.*
- Много детей любит играть в компьютерные игры.*

이 문장을 문법적으로 정확하게 쓰려면 아래와 같이 쓸 수 있는데, многие의 용법에 관하여는 조금 뒤에 배우기로 합시다.

- Многие друзья поздравили меня с Новым годом.
  많은 친구들이 나에게 새해인사를 했다.
- Многие дети любят играть в компьютерные игры.
  많은 아이들이 컴퓨터 게임하는 것을 좋아한다.

집합수사 много의 활용에 관하여 아래의 두 가지 사항을 기억해두세요.

① 'много + 명사'는 중성취급합니다. 따라서 동사도 그에 상응하게 사용합니다.

- В нашем университете учится много иностранцев.
- В прошлом году на нашем факультете училось много иностранцев.
- Вчера у меня было много времени.
- Завтра у меня будет много времени.

② 'много + 명사'는 보통 문장 첫 머리에 오지 않습니다. 이는 한국 학생들이 종종 범하는 실수입니다.

- Много студентов в нашем университете.* (X)
- В нашем университете много студентов. (O)
- Много детей вчера гуляло в парке.* (X)
- Вчера в парке гуляло много детей. (O)

연습문제 1 주어진 단어들을 사용하여 문장을 완성하세요. 수량수사를 정확하게 쓰세요.

❶ Идёт дождь. На дороге много _____ (вода).

❷ В нашем университете много _____
(здание, стадион, столовая, кафе).

❸ На рынке много _____
(капуста, морковь, яблоко, апельсин, клубника).

❹ У нашей бабушки много _____ (доброта).

❺ В лесу много _____ (дерево, цветы).

❻ В холодильнике лежит много _____ (мясо, колбаса, сыр).

❼ Раньше в этой деревне было много _____ (дом) и много _____ (житель), но сейчас — мало.

연습문제 2 괄호 안에 주어진 동사를 적절한 형태로 넣으세요.

❶ На прошлой неделе на фестивале (быть) _____ много гостей.

❷ На следующей неделе у меня (быть) _____ много экзаменов.

❸ Сейчас в библиотеке (заниматься) _____ много студентов.

❹ В Сеульском зоопарке (жить) _____ много обезьян.

❺ Раньше в нашем университете (учиться) _____ мало иностранцев.

❻ В следующем году в нашей компании (работать) _____ много новых сотрудников.

❼ Раньше у меня (быть) _____ мало проблем, но в последнее время (появиться) _____ много трудностей.

B 집합수사 много의 대격형

이번에는 집합수사 много의 대격형을 살펴봅시다. много가 대격 집합수사로 사용될 때에는 활성명사와는 결합할 수 없습니다. 대신 불활성명사와는 활발하게 결합하여 사용됩니다.

- Студент прочитал много книг.
  학생이 많은 책들을 읽었다.

- Мама купила много овощей.
  엄마가 많은 야채를 샀다.

- Он выучил много новых слов.
  그는 많은 새 단어들을 익혔다.

- Я получил много писем.
  나는 많은 편지들을 받았다.

- Брат показал мне много фотографий.
  형은 나에게 많은 사진들을 보여주었다.

- Мама дала детям много разных игрушек.
  엄마는 아이들에게 많은 다양한 장난감들을 주었다.

- Отец работает в фирме «Самсунг» много лет.
  (много лет – как долго? – 대격)
  아버지는 삼성에서 여러 해 일하셨다.

따라서 много의 대격을 활성명사와 결합시킨 아래의 문장들은 모두 비문입니다.

- Он любит много девушек.* / много животных.*
- Я поздравил с Новым годом много друзей.*
- Я спросил об этом много профессоров.*
- Я понимаю много людей.*

연습문제 3 가능한 곳에는 주어진 단어로 'много + 명사'의 결합을 만들어 빈칸에 넣고 불가능한 곳에는 X표를 넣으세요.

> **예시** (роман) Я прочитал ~ → Я прочитал много романов.
> (русский писатель) Я люблю ~ → (X)

❶ (время) Мы провели на Чеджу ~ → _____.

❷ (стихи) Брат знает ~ → _____.

❸ (иностранец) Соня знает ~ → _____.

❹ (молоко, фрукты) Дети выпили ~ и съели ~ → _____.

❺ (цветы) Дети подарили маме ~ → _____.

❻ (учитель) Школьники поздравили ~ с праздником. → _____.

ㄱ 집합수사 много와 형용사 многие

학생들은 종종 집합수사 много와 형용사 многие를 혼동합니다. 하지만 품사가 다르기에 두 단어의 활용에는 큰 차이가 있으니 주의하여야 합니다. 또 много가 그저 양이 많다는 것을 표현할 때만 쓰인다면, многие에는 '양이 많은'이라는 뜻도 있지만, '대다수의, 대부분의'라는 뜻도 있어 의미상의 차이도 있습니다.

многие의 의미는 아래의 두 가지로 정리할 수 있습니다.

1. '양이 많은'

много와 같이 양이 많다는 것을 의미할 때도 много와 многие에는 문법적으로 그 활용이 다릅니다. 앞서도 언급했던 것처럼 много는 주격과 대격으로만 사용되는 반면 многие는 다양한 격으로 사용될 수 있습니다.

- Многие люди мечтают о счастье.
  많은 사람들이 행복에 관하여 꿈꾼다.
- На встрече с журналистами президент рассказал о многих проблемах.
  기자들과의 미팅에서 대통령은 많은 문제들에 관하여 이야기했다.
- Брат – журналист, он встречается со многими людьми.
  형은 기자로 많은 사람들과 만난다.

2. '대다수의'

много가 '대다수의'의 뜻으로 사용될 때는 '어떤 제한된 그룹에 속한 대다수의'라는 의미를 지니게 됩니다. 따라서 주로 먼저 그 그룹이 명시되고 이어 '그중의 대다수가...'라는 식으로 사용됩니다.

- На нашем факультете 120 студентов. Многие из них хорошо сдали экзамены.
  우리 단대에는 120명의 학생들이 있다. 그들의 대다수는 시험을 잘 치렀다.
- Многие из студентов нашего факультета хорошо сдали экзамены.
  우리 단대의 학생들 중 대다수는 시험을 잘 치렀다.
- Многие студенты нашего факультета хорошо сдали экзамены.
  우리 단대의 학생들의 대다수는 시험을 잘 치렀다.

이때 многие는 большинство로 대체가 가능합니다. большинство는 중성명사이므로 동사만 중성형으로 바꾸어 주면 됩니다.

- На нашем факультете 120 студентов. Большинство из них хорошо сдало экзамены.
- Большинство из студентов нашего факультета хорошо сдало экзамены.
- Большинство студентов нашего факультета хорошо сдало экзамены.

Д 형용사 многие의 다양한 격 활용

이제 좀 더 자세하게 다양한 격으로 사용되는 многие의 활용을 살펴봅시다.

1. 주격

(КТО?) – 사람인 경우

- Многие (люди) любят кофе.
  많은 사람들이 커피를 좋아한다.
- В нашей группе 10 студентов, многие из них в прошлом году ездили в Россию.
  우리 그룹에는 10명의 학생들이 있는데 그들 중 대다수가 작년에 러시아에 다녀왔다.
- Многие из студентов нашей группы в прошлом году ездили в Россию.
  우리 그룹의 학생들 중 대다수가 작년에 러시아에 다녀왔다.
- Многие студенты нашей группы в прошлом году ездили в Россию.
  우리 그룹의 대다수의 학생들이 작년에 러시아에 다녀왔다.

(ЧТО?) - 사물인 경우

- Мне нравятся многие русские блюда.
  나는 많은 러시아 음식들이 좋다.

- Вчера я ел русские блюда, многие из них мне понравились.
  어제 나는 러시아 음식들을 먹었는데 그것들 중 대다수가 내 맘에 들었다.

- Многие из русских блюд, которые я ел вчера, мне понравились.
  내가 어제 먹은 러시아 음식 중 대다수가 내 맘에 들었다.

- Многие русские блюда, которые я ел вчера, мне понравились.
  내가 어제 먹었던 대다수의 러시아 음식들이 내 맘에 들었다.

⚠️ 주의하세요

У МЕНЯ МНОГО ДРУЗЕЙ.

многие의 주격은 다양한 동사들과 다양한 모델들로 사용될 수 있지만, много를 쓸 수 있는 모델에서는 사용될 수 없습니다. 예를 들어 다음의 문장들은 много를 주격으로 사용하는 모델 구문이므로 이 자리에 многие를 사용하면 비문이 됩니다.

- У меня (есть) многие друзья.*
- В городе (есть) многие рестораны.*
- В больнице работают многие врачи.*

이 문장들을 바른 문장으로 바꾸면 아래와 같습니다.

- У меня (есть) много друзей. 나는 친구들이 많다.
- В городе (есть) много ресторанов. 도시에는 레스토랑들이 많다.
- В больнице работает много врачей. 병원에서는 많은 의사들이 일한다.

2. 생격

(КОГО?) - 사람인 경우

- У многих современных людей нет свободного времени.
  많은 현대인들은 여가시간이 없다.

- В Москве около тринадцати миллионов жителей, у многих из них есть автомобили.
  모스크바에는 대략 1,300만의 주민들이 있다. 그들 중 대부분은 자동차를 소유하고 있다.

- У многих из жителей Москвы есть автомобили.
  모스크바 주민들의 대다수는 자동차를 소유하고 있다.

(ЧЕГО?) – 사물인 경우

- На соревнования приехали спортсмены из многих стран.
  경기에 여러 나라의 운동선수들이 왔다.

- В нашем городе 20 ресторанов, около многих из них есть стоянки для машин / парковки / места для парковки.
  우리 도시에는 20개의 레스토랑들이 있다. 그것들 중 대다수의 레스토랑의 주변에는 자동차 주차 장소가 있다.

- Около многих ресторанов нашего города есть стоянки для машин.
  우리 도시의 대다수의 레스토랑 주변에는 주차 장소가 있다.

3. 여격

(КОМУ?) – 사람인 경우

- Многим девушкам нравится танцевать.
  많은 아가씨들은 춤추는 것을 좋아한다.

- У меня 8 подруг, многим из них нравится танцевать.
  나는 8명의 여자친구들이 있는데 그들 중 대다수는 춤추는 것을 좋아한다.

- Многим из моих подруг нравится танцевать.
  나의 여자친구들의 대부분은 춤추는 것을 좋아한다.

- Многим моим подругам нравится танцевать.
  대다수의 나의 여자친구들은 춤추는 것을 좋아한다.

(ЧЕМУ?) – 사물인 경우

- Многим маленьким фирмам нужна помощь государства.
  많은 소규모 회사들은 정부의 도움이 필요하다.

- В этом городе 25 старинных зданий, многим из них более двухсот лет.
  이 도시에는 25개의 오래된 건물들이 있는데 그들 중 대다수는 200년이 넘었다.

- Многим из старинных зданий нашего города более двухсот лет.
  우리 도시의 오래된 건물들의 대부분은 200년이 넘었다.

- Многим старинным зданиям нашего города более двухсот лет.
  우리 도시의 오래된 건물들의 대부분은 200년이 넘었다.

4. 대격

(КОГО?) – 사람인 경우

- Я не понимаю <u>многих иностранцев</u>, потому что они плохо говорят по-корейски.
  그들이 한국어를 잘 못하기 때문에 나는 많은 외국인들의 말을 이해하지 못한다.
- В нашем спортивном клубе занимается 15 иностранцев, я знаю <u>многих из них</u>.
  Я знаю <u>многих из иностранцев</u>, которые занимаются в нашем спортивном клубе.
  우리 스포츠 클럽에서는 15명의 외국인들이 운동을 하는데 나는 그들 중 대다수를 안다.
- Я знаю <u>многих иностранцев</u>, которые занимаются в нашем спортивном клубе.
  나는 우리 스포츠 클럽에서 운동하는 대다수의 외국인들을 안다.

(ЧТО?) – 사물인 경우

없음

⚠ 주의하세요

ПУШКИН НАПИСАЛ МНОГО СТИХОВ

반드시 기억해야할 것은 многие는 대격 불활성명사와 사용되지 않는다는 점입니다. 따라서 아래의 문장들은 비문입니다.

- Пушкин написал <u>многие стихи</u>*. Мама приготовила <u>многие блюда</u>*

이를 바른 문장으로 바꾸려면 집합수사 много의 대격형을 사용해야합니다.

- Пушкин написал <u>много стихов</u>.
  푸시킨은 많은 시들을 썼다.
- Мама приготовила <u>много блюд</u>.
  엄마는 많은 음식을 요리하셨다.

5.조격

(КЕМ?) – 사람인 경우

- Этот журналист познакомился со многими известными людьми.
  이 기자는 많은 저명인사들과 인사를 했다.

- В наш университет приехали студенты из России, я уже познакомился со многими из них.
  우리 대학에 러시아에서 학생들이 왔다. 나는 이미 그들 중 대다수와 인사를 했다.

- Я уже познакомился со многими из русских студентов, которые приехали в наш университет.
  나는 이미 우리 대학에 온 러시아 학생들의 대다수와 인사를 했다.

- Я уже познакомился со многими русскими студентами, которые приехали в наш университет.
  나는 이미 우리 대학에 온 대다수의 러시아 학생들과 인사를 했다.

(ЧЕМ?) – 사물인 경우

- Наш университет сотрудничает со многими университетами.
  우리 대학은 많은 대학들과 협력하고 있다.

- Мы прочитали статью о лучших университетах мира, со многими из них наш университет сотрудничает.
  우리는 세계 최고의 대학들에 관한 기사를 읽었는데 우리 대학은 그들 중 대다수의 대학들과 협력하고 있다.

- Наш университет сотрудничает со многими из лучших университетов мира.
  우리 대학은 세계 최고의 대학 중 대다수의 대학들과 협력하고 있다.

- Наш университет сотрудничает со многими лучшими университетами мира.
  우리 대학은 많은 세계 명문 대학들과 협력하고 있다.

6.전치격

(О КОМ?) – 사람인 경우

- На лекциях профессор рассказал о многих русских писателях девятнадцатого века.
  수업 중에 교수님은 19세기의 많은 러시아 작가들에 관하여 이야기하셨다.

- Брат любит читать русские романы, о многих из них он часто рассказывает мне.
  형은 러시아 소설들을 읽는 것을 좋아한다. 그 소설 중의 대다수에 관하여 그는 자주 나에게 이야기한다.

(ГДЕ? О ЧЁМ?) – 사물인 경우

- Отец был во многих городах России.
  아버지는 러시아의 많은 도시들에 가 보셨다.

- Мы были в десяти городах России, во многих из них есть старинные церкви.
  우리는 러시아의 열 개의 도시들에 가보았다. 그 도시들 중 대다수에는 오래된 교회들이 있었다.

- Брат рассказал о многих проблемах, которые ему приходится решать.
  형은 그가 해결해야만 하는 많은 문제들에 관하여 이야기했다.

- О многих из своих проблем брат никогда никому не рассказывает.
  대부분의 자기 문제들에 관하여 형은 절대 누구에게도 이야기하지 않는다.

- О многих своих проблемах брат никогда никому не рассказывает.
  형은 대부분의 자기 문제들에 관하여 절대 누구에게도 이야기하지 않는다.

E МНОГО, МНОГИЕ와 운동동사

운동동사들(идти-пойти, ходить, ехать-поехать, ездить/приходить-прийти, приезжать-приехать 등)은 종종 много, многие의 주격형과 함께 쓰입니다. 이때 '많은 수의' 뜻이면 много가 쓰이고, '대다수의'의 뜻이면 многие가 사용됩니다.

- На фестиваль русской культуры пришло много гостей.
  러시아 문화축제에 많은 손님들이 왔다.

- На фестиваль русской культуры пришли многие мои друзья (многие из моих друзей).
  = На фестиваль русской культуры пришло большинство моих друзей (большинство из моих друзей)
  러시아 문화축제에 대다수의 나의 친구들이 왔다.

⚠ 주의하세요

MHOGO, MHOГИЕ

지금까지 살펴본 много와 многие의 용법을 정리해 보면 아래와 같습니다.

❶ MHOGO

주격(Кто? Что?)

- У меня много друзей. 나는 친구들이 많다.
- В городе много ресторанов. 도시에는 레스토랑들이 많다.
- В университете учится много студентов. 대학에서는 많은 학생들이 공부한다.
- Нам нужно много времени. 우리는 많은 시간이 필요하다.

운동동사와 사용: '많은'

- На собрание пришло много студентов. 모임에 많은 학생들이 왔다.

대격(Что?): 불활성명사만 사용

- Я прочитал много книг. 나는 많은 책들을 읽었다.

❷ МНОГИЕ (МНОГИЕ ИЗ...)

생격, 여격, 조격, 전치격으로 사용

- На соревнования приехали спортсмены из многих стран.
  경기에 여러 나라의 운동선수들이 왔다.
- Многим девушкам нравится танцевать. 많은 아가씨들은 춤추는 것을 좋아한다.
- Этот журналист познакомился со многими известными людьми.
  이 기자는 많은 저명인사들과 인사를 했다.
- Отец был во многих городах России.
  아버지는 러시아의 많은 도시들에 가 보셨다.

주격: много가 사용되는 구문에는 쓸 수 없음

- Многие (люди) любят кофе. 많은 사람들이 커피를 좋아한다.

운동동사와 사용: '대다수의'

- На собрание пришли многие мои друзья (= большинство моих друзей).
  모임에 나의 친구들의 대다수가 왔다.

대격: 활성명사와만 사용

- Я знаю многих студентов нашего факультета.

연습문제 4 много와 многие 중 적절한 것을 골라 알맞은 형태로 주어진 명사와 결합시킨 후 빈칸에 넣으세요.

① На улицах Кореи _____. (машина)

② Каждый день у отца _____. (работа)

③ Брат путешествовал по _____. (страна)

④ Этот профессор знает _____. (иностранные языки)

⑤ Мы хорошо понимаем _____. (иностранные преподаватели).

⑥ _____ (дети) не хотят делать домашнее задание.

⑦ Саша быстро запомнил _____. (русские слова).

⑧ В Корею приехали спортсмены (откуда?) _____ . (страна) мира

⑨ На Олимпийские игры (приехали, приехало) _____ (спортсмены) из разных стран.

⑩ В этой фирме работает _____ (инженер).

⑪ Мой отец работал _____ (фирма).

⑫ Дедушка работал в больнице _____ (год).

⑬ Мне нравятся _____ (роман) Достоевского.

⑭ _____ (студенты) нашего факультета нравится экономика.

연습문제 5 주어진 예를 보고 문장을 마무리해 보세요.

> **예시** В нашей группе много студентов. Многие из них ~
> → Многие из них хорошо учатся.
> → Многие их них хорошо говорят по-русски.

❶ В нашем университете много студентов из России. Со многими из них _____.

❷ В нашем университете много студентов из России. Многие из них _____ _____.

❸ В нашем городе много парков. Во многих из них _____ _____.

❹ У меня много русских сувениров. Многие из них _____ _____.

❺ У меня много друзей.

Многим из них _____.

Многих из них _____.

О многих их них _____.

연습문제 6 부사 много, 집합수사 много, 형용사 многие 중 적절한 단어를 골라 알맞은 형태로 빈칸에 넣으세요.

❶ Перед экзаменом Маша _____ занималась, поэтому получила высокую оценку.

❷ Игорь познакомился «ВФейсбук» _____ (иностранцы), он часто пишет письма _____ из них, сегодня он написал _____ (письмо).

❸ Скоро Рождество, мы купили _____ (подарки), поэтому что у нас _____ (друг и родственник).

❹ Маша _____ ест, поэтому очень полная. А Валя всегда ест _____ _____ (овощ и фрукт), и у неё нормальный вес.

❺ Брат готовился к экзамену _____ (день), он хорошо подготовился _____ (экзамен).

❻ Я знаю, что _____ (дети) (любит, любят) мороженое. Сейчас в кафе _____ (дети).

❼ Сегодня на лекции нет _____ (студенты).

연습문제 7 много와 многие 중 적절한 단어를 골라 알맞은 형태로 명사와 결합시켜 빈칸에 넣으세요.

❶ В нашем университете _____ (иностранные студенты), _____ из них приехали из Китая.

❷ В настоящее время _____ (корейцы) хотят изучать китайский язык.

❸ Хорошие программы для иностранных студентов есть _____. (корейский университет)

❹ _____ (студенты, наш факультет) есть хорошие электронные словари.

❺ Маленьким детям _____ (нужен, нужна, нужно, нужны) _____. (игрушки)

❻ Вчера в нашем студенческом клубе было _____ (гость). И _____ (наши гости) приехали к нам из Сеула. _____ (гость) понравился концерт.

❼ Брат изучает русский язык _____ (год), поэтому хорошо говорит по-русски. _____ (наши студенты) спрашивают его о грамматике русского языка.

제 17 과 전치사

A 전치사

여러분은 이미 러시아어에는 다양한 전치사들이 있고, 주격을 제외한 다양한 격이 전치사와 결합한다는 것을 알고 있습니다. 전치사는 주로 다음과 같은 결합으로 사용됩니다.

1. 동사 + 전치사 + 명사/대명사/수사

- учиться в университете.
  대학에서 공부하다.
- встретиться с друзьями.
  친구들과 만나다.
- готовиться к экзамену.
  시험을 준비하다.
- встретиться в 2 часа.
  2시에 만나다.

- идти в школу.
  학교로 가다.
- думать об экзамене.
  시험에 관하여 생각하다.
- говорить обо всём.
  모든 것에 관하여 말하다.

2. 명사 + 전치사 + 명사

- чай без сахара
  설탕을 넣지 않은 차
- салат с майонезом
  마요네즈를 넣은 샐러드

여러분은 어떤 전치사는 하나의 격만 지배하고 어떤 전치사들은 여러 격을 지배한다는 사실도 알고 있습니다. 예를 들어 전치사 у, около, напротив, из, для 등은 생격과만 결합하고, 전치사 к는 여격과만 결합하지만, 전치사 в, на는 대격과도 결합하고, 전치격과도 결합합니다. 또 전치사 с는 생격과도 결합하고(Брат вернулся с острова Чеджу), 조격과도 결합합니다(Я познакомился с русскими студентами. Мы ели рис с мясом и пили чай с лимоном).

여기서는 먼저 여러분이 이미 익혔던 전치사들을 살펴봅시다.

생격 지배 전치사: у, около, недалеко от, справа от, слева от, напротив, посреди(посредине), вокруг, из, с, от, до, без, после

- У меня есть брат. 나는 형제가 있다.
- Аптека находится около банка / недалеко от кафе / напротив магазина / справа от ресторана.
  약국은 은행 근처에/카페에서 멀지 않은 곳에/상점 맞은 편에/레스토랑 우편에 자리하고 있다.
- Стол стоит посреди комнаты. 탁자가 방 가운데에 놓여 있다.
- Стулья стоят вокруг стола. 의자들은 탁자 주변에 놓여 있다.
- Отец вернулся из Москвы / с острова Чеджу / от друга.
  아버지는 모스크바에서/제주도에서/친구에게서 돌아오셨다.
- Скажите, пожалуйста, как добраться до вокзала?
  기차역까지 어떻게 갈 수 있는지 말씀해 주세요.
- Я люблю чай без сахара. 나는 설탕을 넣지 않은 차를 좋아한다.
- После урока я иду в библиотеку. 수업 후에 나는 도서관에 간다.

여격 지배 전치사: к

- Я еду в Пусан к бабушке. 나는 부산으로 할머니께 간다.
- Студенты хорошо подготовились к экзамену. 학생들은 시험을 잘 준비했다.

대격 지배 전치사: в, на, через

- Я иду в школу / на стадион. 나는 학교로/경기장으로 간다.
- Урок будет через час. 수업은 한 시간 후에 있을 것이다.

조격 지배 전치사: с, вместе с, за, перед, под, над, между, рядом с

- Я играю в футбол с друзьями / вместе с друзьями.
  나는 친구들과/친구들과 함께 축구를 한다.
- Она ест рис с мясом и пьёт кофе с молоком.
  그녀는 밥과 고기를 먹고 우유가 든 커피를 마신다.
- Аптека находится за банком / перед кафе / между банком и кафе / рядом с рестораном.
  약국은 은행 뒤에/카페 앞에/은행과 카페 사이에/레스토랑과 나란히 자리하고 있다.
- Мяч лежит под столом. 공이 탁자 아래 놓여 있다.
- Календарь висит над столом. 달력이 탁자 위에 걸려 있다.
- Перед обедом дети вымыли руки. 점심식사 전에 아이들은 손을 씻었다.

> **전치격 지배 전치사: в, на, о (об, обо)**

- Мы отдыхали в Пусане / на Байкале.
  우리는 부산에서/바이칼 호수에서 휴가를 보냈다.
- Он говорит об экзамене / о родителях.
  그는 시험에 관하여/부모님에 관하여 말한다.

Б 전치사 ИЗ, В, С, ОТ, О / ПРО

이번에는 여러분이 이미 알고 있는 전치사이지만, 그동안 사용하지 않았던 활용과 의미들을 살펴보도록 합시다. 아래의 표를 잘 보세요.

전치사	의미	
ИЗ + 생격	~으로 만들어진	кольцо из золота / из серебра 금반지/은반지 рубашка из хлопка 면 셔츠 платье из шёлка 실크 원피스 туфли из кожи 가죽 구두 стол из дерева 나무 책상 посуда из фарфора 도자기 그릇
ИЗ / С + 생격	~로부터 온	студенты из России 러시아에서 온 학생들 фрукты из Китая 중국에서 온 과일 овощи с острова Чеджу 제주도에서 온 야채 сувенир из Японии 일본에서 온 기념품 ветер с моря 바다에서 불어온 바람
В + 전치격	~을 입고 있는/쓰고 있는/신고 있는	мужчина в чёрном пальто 검은 코트를 입은 남자 девушка в белых кроссовках 흰 운동화를 신은 아가씨 молодой человек в бейсболке 농구복을 입은 젊은이 мальчик в очках 안경 쓴 소년

C + 조격	사람의 외모나 사물의 외양을 묘사	девушка с голубыми глазами 푸른 눈의 아가씨 мужчина с бородой и усами 턱수염과 콧수염이 난 남자 книга с фотографиями 사진이 들어있는 책 рубашка с короткими рукавами 짧은 소매 셔츠 комната с кондиционером 에어컨이 있는 방 письмо с извинениями 사과를 담은 편지
O + 전치격 ПРО + 대격	~에 관한 ~ (про도 о도 ~에 관한 이라는 뜻이나, про를 쓴 경우가 더 구어적 표현)	фильм о войне / про войну 전쟁에 관한 영화 песня о любви / про любовь 사랑에 관한 노래 рассказ о дружбе молодых людей/про дружбу молодых людей 젊은이들의 우정에 관한 이야기

단어 хлопок 면 | шёлк 실크 | кожа 가죽 | фарфор 도자기

연습문제 1 빈칸에 적절한 전치사를 넣고 그 의미를 설명해 보세요.

❶ Мальчик сделал маленький самолёт _____ (бумага).

❷ - Как зовут эту девушку?

  - Какую? _____ (светлые волосы) _____

  _____ (брюки)?

  - Нет, _____ (тёмные волосы) _____

  _____ (синее платье).

❸ Мы посмотрели фильм _____

  _____ (корейский император Седжон)

❹ Сестра купила ложки и палочки _____. (серебро)

❺ Тебе нравится эта сумка _____ (джинсовая ткань),

  _____ (длинные ручки)?

❻ Мы познакомились с молодым писателем _____. (Канада)

❼ - Почему ты сегодня _____ (тёплое пальто и шапка)?

   - По радио сказали, что вечером будет – 18 градусов.

❽ Мне нравится эта блузка _____ (китайский шёлк), я хочу подарить её маме.

❾ Я не советую тебе покупать стаканы _____ (пластик), лучше купить стаканы _____. (стекло)

단어 бумага 종이 | волосы 머리카락 | серебро 은 | джинсы 청바지 | джинсовый 청바지의 | ткань 직물 | ручка – ручки 손잡이 | пластик 플라스틱

B 전치사 по

전치사 по는 여격을 지배하는 전치사로, '동사 + по + 명사여격' 구문으로도 사용되고, '명사 + по + 명사여격' 구문으로도 사용됩니다.

1. 동사 + по + 여격

- гулять – погулять по парку (= гулять в парке), по лесу (в лесу)
  공원에서 숲에서 산책하다
- идти-пойти, ходить по улице, по дороге, по парку, по площади
  거리를 따라/길을 따라/공원을 따라/광장을 따라 걷다
- ехать – поехать, ездить по улице, по дороге, по городу
  거리를 따라/길을 따라/도시를 따라 가다
- звонить – позвонить (кому?) по телефону
  전화를 걸다
- смотреть – посмотреть (что?) по телевизору
  TV로 ~을 시청하다
- слушать – послушать (что?) по радио
  라디오로 ~을 듣다

- посылать – послать (что?) по почте, по Интернету
  우편으로, 인터넷으로 보내다
- отправлять – отправить (что?) по почте, по Интернету
  우편으로, 인터넷으로 보내다
- получать – получить (что?) по почте, по Интернету
  우편으로, 인터넷으로 받다

⚠️ 주의하세요

СМОТРЕТЬ (ЧТО? ПО ЧЕМУ?), СЛУШАТЬ (ЧТО? ПО ЧЕМУ?)

смотреть, слушать 동사는 보는 대상을 직접 대격으로 취할 수도 있지만, TV나 라디오처럼 수신기 자체를 직접 대격으로 취할 수도 있습니다.

- Я смотрю фильм. Я смотрю телевизор. 나는 영화를 본다. 나는 TV를 본다.
- Я слушаю песню. Я слушаю радио. 나는 노래를 듣는다. 나는 라디오를 듣는다.

하지만 TV로 영화를 본다든가, 라디오로 노래를 듣는다든가 하는 식으로 수신기와 보거나 듣는 대상을 모두 쓸 때는 아래와 같은 구문을 사용합니다.

- Я смотрю фильм по телевизору. 나는 TV로 영화를 본다.
- Я слушаю песню по радио. 나는 라디오로 노래를 듣는다.

연습문제 2 주어진 질문에 부정으로 답하되 전치사 по+여격 구문을 사용하세요.

예시 - Вы гуляли в парке? - Нет, мы гуляли по лесу.

❶ - Ты смотрел футбольный матч на стадионе?

- Нет, _____.

❷ - Ты послала открытку русскому другу? По почте?

- Нет, _____.

❸ - Вы посмотрели бейсбольный матч на стадионе?

- Нет, _____.

❹ - Вы посмотрели этот фильм в кинотеатре?

   - Нет, _____.

❺ - Ты каждый день разговариваешь с другом? Вы каждый день встречаетесь?

   - Нет, _____.

2. 명사 + по + 여격

아래 명사들은 'по+명사 여격'과 결합합니다. 'по+명사 여격'은 앞의 명사의 구체적인 내용을 전합니다.

экзамен	Я хорошо сдал экзамен по русскому языку. 나는 러시아어 시험을 잘 봤다.
тест	Мы написали тест по экономике. 우리는 경제학 시험을 치렀다.
лекция	Профессор заболел, поэтому сегодня не будет лекции по физике. 교수님이 병이 나셔서 오늘 물리학 강의는 없을 거야.
занятие	Он не пришёл на занятие по английскому языку. 그는 영어 수업에 결석했다.
тетрадь	Она потеряла тетрадь по истории. 그녀는 역사 노트를 분실했다.
книга	Друзья подарили мне книгу по русскому искусству. 친구들이 나에게 러시아 예술에 관한 책을 선물했다.
оценка	У меня хорошие оценки по всем предметам. 나는 전과목에서 좋은 학점을 받았다.

⚠ 주의하세요

ЛЕКЦИЯ ПО РУССКОЙ ЛИТЕРАТРЕ vs. УРОК РУССКОГО ЯЗЫКА

лекция, занятие, тетрадь, книга 등은 그 내용을 표현하기 위해 'по+ 여격형'을 사용하지만, урок, учебник, учитель, преподаватель은 생격형을 취합니다.

- урок – урок русского языка 러시아어 수업
- учебник – учебник физики 물리 교과서
- учитель, преподаватель – учитель истории 역사 선생님

тренировка	Тренировка по баскетболу будет в 2 часа. 농구 훈련은 2시에 있을 예정이다.	
соревнование	Завтра в нашем университете начинаются соревнования по футболу. 내일 우리 대학에서는 축구 경기가 시작된다.	
тренер	Гус Хиддинк – известный тренер по футболу. 거스 히딩크는 유명한 축구 트레이너이다.	
чемпионат (мира, страны, города)	Я всегда смотрю чемпионат Кореи по бейсболу. 나는 항상 한국 농구 챔피언전을 본다.	
чемпион чемпионка (мира, страны, города, школы, Олимпийских Игр)	Эта молодая девушка стала чемпионкой мира по фигурному катанию. 이 젊은 아가씨가 피겨 스케이팅 세계 챔피언이 되었다. Команда нашего университета стала чемпионом города по баскетболу. 우리 대학 팀이 시 농구 챔피언이 되었다.	
товарищ подруга	Иван – мой товарищ по школе / по университету / по институту. 이반은 내 고등학교/대학/대학(연구소) 친구다. Анна и Света – подруги по школе / по университету / по институту 안나와 스베타는 고등학교/대학/대학(연구소) 친구다. Вчера я встретил своего товарища по институту. 어제 나는 내 대학 친구를 만났다. Маша давно не видела своих подруг по школе. 마샤는 오랫동안 자기의 고등학교 친구들을 만나지 못했다.	

сосед соседка	Антон – мой сосед по дому / по комнате / по даче. 안톤은 내 동숙인/룸메이트/다차 이웃이다. Соня поссорилась с соседками по комнате. 소냐는 룸메이트들과 싸웠다.	
специалист	Максим – специалист по компьютерам, он всегда ремонтирует мой компьютер. 막심은 컴퓨터 전문가이다. 그는 항상 내 컴퓨터를 수리해 준다. Профессор Ким – специалист по русской литературе девятнадцатого века. 김교수님은 19세기 러시아 문학의 전문가이다. Моя сестра – специалист по искусству Кореи. 내 언니는 한국 예술 전문가이다.	

коллега (по работе)	Антон и Вера – коллеги по работе. Я поздравил своих коллег с Новым годом. 안톤과 베라는 직장 동료이다. 나는 내 동료들에게 새해 인사를 했다.

연습문제 3 전치사 по를 사용하여 질문에 답해 보세요.

❶ Закончился чемпионат мира _____, команда Канады стала чемпионом мира _____.

❷ Мне нравятся мои соседи _____, мы никогда не ссоримся.

❸ Вчера я не смог пойти на лекцию _____, дай мне, пожалуйста, свою тетрадь _____.

❹ У моего брата много книг _____, потому что он специалист _____. Он увлекается мировой экономикой со школы.

❺ Мой друг работает тренером _____. Конечно, он очень хорошо играет в бадминтон.

❻ Мне нравится смотреть по телевизору соревнования _____, я болею за корейских гольфистов.

❼ Я плохо написал тест _____, потому что совсем не люблю и не понимаю химию.

г   전치사 для

이 장에서는 '명사 + **для** + 명사 생격' 구문의 다양한 의미를 살펴봅시다.

1. ~을 위한

подарок, письмо 등과 잘 결합합니다.

- Я купил подарок брату/для брата.
  나는 형에게/형을 위해 선물을 샀다.

2. ~용(用)

а) 사람이나 동물 용

- книга (журнал, фильм) для детей 어린이용 책(잡지, 영화)
- одежда для мужчин / для полных людей 남성용/특대형 의복
- лекарство для животных 동물용 약
- одежда для собак 강아지용 옷
- корм для животных 동물용 사료

б) 신체 부위용

- крем для рук 핸드크림
- лекарство для сердца 심장약

в) ~ 용도의 사물

- ваза для цветов / для фруктов / для конфет 꽃/과일/사탕 병
- коробка для игрушек / для обуви / для книг 장난감/신발/책 상자
- шкаф для одежды / для обуви / для книг 옷/신발/책장

г) ~ 행위용 세제, 크림 등

- гель для бритья 면도용 젤
- порошок для стирки 세탁용 세제
- средство для мытья посуды 식기세척용 세제
- очки для плавания 수경
- обувь / мяч для игры в теннис 테니스화/테니스 공

> ⚠️ **주의하세요**

동사의 명사화

어떤 행위를 위한 자료를 표현하는 구문에서 행위는 종종 아래 동사의 명사형으로 표현됩니다.

동사		명사
чистить	씻다, 껍질을 벗기다, 청결하게 하다	чистка
мыть	씻다	мытьё
стирать	세탁하다	стирка
бриться	면도하다	бритьё
плавать	수영하다, 헤엄치다	плавание
играть	놀다, 운동하다	игра

연습문제 4 전치사 для를 사용하여 질문에 답해 보세요.

❶ - Какой крем тебе нужен?

  - _____.

❷ - Ты купил новый шкаф? Какой?

  - _____.

❸ - Какой фильм идёт сейчас по телевизору?

  - _____.

❹ - Какой порошок ты хочешь купить?

  - _____.

❺ - Ты купил подарок? Кому?

  - _____.

❻ - Что ты подарила папе?

  - _____.

❼ - Какую обувь продают в этом магазине?

   - _____.

❽ - Какое лекарство пьёт бабушка?

   - _____.

> ⚠ **주의하세요**
>
> ### ЛЕКАРСТВО ДЛЯ ЧЕГО vs. ЛЕКАРСТВО ОТ ЧЕГО
>
> крем, лекарство, таблетки, порошок(가루, 가루약, 분말), мазь(연고), бальзам, гель, средство(= лекарство, мазь, порошок) 등은 для와 결합할 수도 있고, от와 결합할 수도 있습니다.
>
> 그런데 그 의미는 정반대가 됩니다. для는 '어떤 대상을 위하여, 혹은 어떤 행위를 돕기 위하여, 혹은 어떤 신체 부위를 위하여' 등의 의미를 지닌다면, от는 '~을 없애기 위하여, ~에 저항하기 위하여'의 뜻을 지닙니다.
>
> **1** ДЛЯ+생격:
>
> > • для кого?
> > лекарство для детей / для пожилых людей / для животных
> > 어린이용/장년용/동물용 약
> >
> > • для чего?
> > лекарство для желудка / для сердца 위장/심장 약
> > крем для рук / для лица 핸드크림, 페이스크림
> > бальзам для волос 헤어 에센스
> >
> > • для чего?
> > гель для бритья 면도용젤 средство для мытья посуды 식기세척용 세제
>
> **2** ОТ+생격:
>
> > • от чего?
> > лекарство от кашля / от насморка / от зубной боли 기침/코감기/치통약
> > крем от аллергии / от загара 알레르기/선탠크림
> > средство от комаров / от мух / от муравьёв / от тараканов 모기/파리/개미/바퀴벌레 약

단어 порошок 가루, 가루약, 분말 | мазь 연고 | бальзам 약 | гель 젤 | комар 모기 | муравей 개미 | муха 파리 | таракан 바퀴벌

연습문제 5 для나 от 중 적절한 전치사를 골라 빈칸을 채우세요.

❶ У тебя высокая температура? Тебе нужно лекарство _____ температуры.

❷ Твой младший брат заболел? Вот лекарство _____ детей.

❸ Вот хорошее средство _____ чистки зубов.

❹ Как много мух! Надо купить средство _____ мух.

❺ Твоя кошка заболела? Купи специальные таблетки _____ кошек.

❻ У дедушки болит печень, ему надо принимать таблетки _____ печени.

❼ Ты не хочешь загорать? Тогда купи крем _____ загара.

❽ Ты хочешь иметь красивый загар? Тогда купи крем _____ загара.

단어 печень 간 | загорать 햇볕에 타다 | загар 햇볕에 탄 것, 화상

MEMO

제18과 시간표현 전치사와 접속사

A 시간표현 전치사와 접속사

여러분들은 이미 в / на, после, перед, через, назад 등 시간표현 전치사들을 알고 있습니다. 시간표현 전치사들을 사용한 다양한 예문들을 읽어봅시다.

- Я обедаю в 2 часа. 나는 2시에 점심을 먹는다.
- Мы идём в кино в субботу. 우리는 토요일에 영화관에 간다.
- Я поеду в Москву в сентябре. 9월에 나는 모스크바로 간다.
- Он родился в 1992 году. 그는 1992년에 태어났다.
- Пушкин жил в девятнадцатом веке. 푸시킨은 19세기에 살았다.
- Я поеду в Сеул на следующей неделе. 나는 다음 주에 서울에 간다.
- После урока мы пошли в кафе. 수업 후에 우리는 카페로 갔다.
- Перед уроком я пообедал. 수업 전에 나는 점심을 먹었다.
- Брат поедет в Москву через месяц; через год; через неделю, через два месяца (года); через две недели, через 5 месяцев (лет, недель).
  형은 한 달/일 년/한 주/두 달(2년)/두 주/5개월(년, 주) 후에 모스크바로 갈 것이다.
- Брат был в Москве месяц назад; год назад; неделю назад, два месяца (года) назад; две недели назад; пять месяцев(лет) назад; пять недель назад.
  형은 한 달/일 년/일주일/두 달(2년)/두 주/5개월/5주일 전에 모스크바에 있었다.

또 시간표현 접속사로는 **когда**를 알고 있습니다.

- Когда Вася делал домашнее задание, он слушал музыку.
  바샤가 숙제를 하고 있을 때 그는 음악을 들었다.
- Когда Вася сделал домашнее задание, он послушал музыку.
  바샤는 숙제를 다 하고 나서, 음악을 들었다.
- Когда Вася делал домашнее задание, позвонил Антон.
  바샤가 숙제를 하고 있을 때, 안톤이 전화를 걸었다.

Б 전치사를 사용한 시간표현 구문

이제 시간표현 전치사를 사용한 다양한 구문들을 익혀봅시다. 아래의 전치사 구문은 널리 사용되는 것이니 꼭 숙지하여야 합니다.

1. BO BPEMЯ + 생격: ~하는 동안에

- Во время обеда мы разговаривали о новом фильме.
  (= Когда мы обедали, мы разговаривали о новом фильме.)
  점심시간 동안에 우리는 새 영화에 관하여 대화를 나누었다.
- Во время урока студенты говорят только по-русски.
  (= На уроке студенты говорят только по-русски.)
  수업 중에 학생들은 러시아어로만 말한다.

2. C + 생격 ДО + 생격: ~부터 ~까지(시(時), 분(分)의 경우)

- Обычно он обедает с двенадцати до часа.
  보통 그는 12시부터 한 시까지 점심을 먹는다.
- Он обедает с двенадцати тридцати до часа пятнадцати.
  그는 12시 30분부터 1시 15분까지 점심을 먹는다.

3. C + 생격 ПО + 대격: ~부터 ~까지(요일, 날짜, 월, 년(年)의 경우)

- Экзамены будут с понедельника по пятницу.
  시험은 월요일부터 금요일까지 있을 예정이다.
- Я буду в Москве с двадцать первого апреля по восьмое мая.
  나는 모스크바에 4월 21일부터 5월 8일까지 있을 예정이다.
- Студенты были в Москве с сентября по декабрь.
  학생들은 9월부터 12월까지 모스크바에 있었다.
- Он учился в университете с две тысячи первого по две тысячи пятый год.
  그는 대학에서 2001년부터 2005년까지 수학했다.

4. ПО + 여격복수: ~ 마다

- Я занимаюсь аэробикой по вторникам и пятницам.
  (= Я занимаюсь аэробикой каждый вторник и каждую пятницу.)
  나는 화요일과 금요일마다 에어로빅을 한다.

5. ЗА + 대격 ДО + 생격: ~ 사건 ~ 전에

- Он пришёл в университет за пятнадцать минут до начала урока.
  그는 대학에 수업 시작 15분 전에 도착했다.
- Мы приехали в аэропорт за 2 часа до вылета.
  우리는 공항에 출발 두 시간 전에 도착했다.

6. ЧЕРЕЗ + 대격 ПОСЛЕ + 생격: ~ 사건 후 ~이/가 지나

- Они развелись через год после свадьбы. 그들은 결혼식 후 1년이 지나 헤어졌다.
- Он опоздал, пришёл в университет через 10 минут после начала лекции.
  그는 지각했다. 강의 시작 후 10분이 지나서야 대학에 도착했다.

> ⚠ **주의하세요**
>
> ### С ДВЕНАДЦАТИ ДО ДВЕНАДЦАТИ ТРИДЦАТИ
>
> с ~ до ~ 구문은 시간이나 분을 표현할 때만 사용됩니다.
>
> - Я обедаю с двенадцати до двенадцати тридцати.
>   나는 열두 시부터 열두 시 삼십 분까지 점심을 먹는다.
>
> 아래의 문장들은 모두 비문입니다.
>
> - Я готовился к экзамену с понедельника до пятницы.*
> - Мы были в Москве с сентября до декабря.*
> - Брат учился в университете с 2015 до 2019 года.*

연습문제 1 주어진 문장을 읽고 아래의 전치사 중 적절한 것을 골라 동일한 내용의 문장을 만들어 보세요.

в течение / во время / с… до… / с… по… / по / за… до… / через… после…

예시 Саша начал заниматься в библиотеке в 2 часа, закончил – в 5 часов.
→ Саша занимался в библиотеке с двух до пяти.

❶ Каждую субботу мы с друзьями ходим в бассейн.

→ _____

❷ Фильм начался в 6 часов. Мы пришли в кинотеатр в 5:58.

→ _____.

❸ Фильм начался в 6 часов, мы пришли в кинотеатр в 6:05.

→ _____.

❹ Брат поехал в Америку в январе, вернулся из Америки в мае.

→ _____.

❺ На фестивале студенты пели русские народные песни.

→ _____.

❻ Мама начала готовить ужин в 4 часа, а кончила – в 6 часов.

→ _____.

❼ Отец начал работать в компании «Самсунг» в 1987 году, кончил работать в 2017 году.

→ _____.

B 접속사를 사용한 시간표현 구문

이번에는 시간표현 전치사와 접속사를 살펴봅시다. 전치사는 뒤에 명사를 동반하지만, 접속사는 절을 동반합니다. 예를 들어 '~후에'라는 뜻을 지니는 **после**라는 생격지배 전치사는 뒤에 생격명사를 동반하기도 하지만, **после того, как~**의 형태로 절을 이끄는 접속사로도 사용됩니다.

이 절에서는 전치사와 전치사가 **тот, как~**을 전치사가 요구하는 격의 형태로 동반하여 절을 이끄는 접속사의 역할을 하는 경우들을 살펴봅시다.

1. ПОСЛЕ + 생격명사, ПОСЛЕ ТОГО(,) КАК + 절: ~한 후에

- После урока мы пошли в кино.
  수업 후에 우리는 영화관에 갔다.

- После того(,) как **я позвонил** Мише, **я пошёл** в библиотеку.
  (= Сначала я позвонил Мише, потом пошёл в библиотеку.)
  미샤에게 전화를 한 후에 나는 도서관으로 갔다.

- После того, как **дети сделают** домашнее задание, **они будут** долго играть.
  (= Сначала дети сделают домашнее задание, потом будут долго играть.)
  숙제를 다 한 후에 아이들은 오랫동안 놀 것이다.

2. ПЕРЕД + 조격 명사, ПЕРЕД ТЕМ(,) КАК + 절: ~ 하기 전에

- Перед завтраком дети всегда моют руки.
  아침 먹기 전에 아이들은 항상 손을 씻는다.

- Перед тем(,) как **пойти** на балет, **мы купили** билеты.
  Перед тем (,) как **мы пошли** на балет, **мы купили** билеты.
  (= Сначала мы купили билеты, потом пошли на балет.)
  발레에 가기 전에 우리는 표를 샀다.

- Перед тем(,) как **пойти** на балет, **мы купим** билеты.
  Перед тем(,) как **мы пойдём** на балет, **мы купим** билеты.
  (= Сначала мы купим билеты, потом пойдём на балет.)
  발레에 가기 전에 우리는 표를 살 것이다.

3. ДО + 생격명사, ДО ТОГО(,) КАК + 절: ~ 전에

- Дети моют руки до завтрака. 아이들은 아침 식사 전에 손을 씻는다.

- До того(,) как **поступить** в университет, **Антон** 2 года работал./
  До того(,) как **Антон поступил** в университет, **он** 2 года работал.
  (Сначала Антон 2 года работал, потом поступил в университет.)
  대학에 입학하기 전에 안톤은 2년 동안 일했다.

- До того(,) как **поступить** в университет, **Антон** 2 года **будет работать**./
  До того(,) как **Антон поступит** в университет, **он** 2 года **будет работать**.
  (Сначала он 2 года будет работать, потом поступит в университет)
  대학에 입학하기 전에 안톤은 2년 동안 일할 것이다.

| 연습문제 2 | 주어진 예시에 따라 문장을 만들어 보세요.

> **예시**
>
> Сначала Света пообедала, потом пошла в библиотеку.
>
> **А) после того как**
> После того как Света пообедала, она пошла в библиотеку.
>
> **Б) перед тем как**
> Перед тем как пойти в библиотеку, Света пообедала.
> Перед тем как Света пошла в библиотеку, она пообедала.
>
> **В) до того как**
> До того как пойти в библиотеку, Света пообедала.
> До того как Света пошла в библиотеку, она пообедала.

❶ Сначала родители хорошо отдохнули во Франции, потом они поехали в Италию.

А) _____

Б) _____

В) _____

❷ Сначала эта спортсменка много и упорно тренировалась, потом стала чемпионом мира по теннису.

А) _____

Б) _____

В) _____

❸ Сначала Анна найдёт хорошую работу, потом выйдет замуж.

А) _____

Б) _____

В) _____

❹ Сначала Андрей окончит университет, потом начнёт работать в крупной компании.

А) _____

Б) _____

В) _____

❺ Сначала мы с Сашей несколько раз встречались в студенческом клубе, потом подружились.

А) _____

Б) _____

В) _____

❻ Сначала мой брат долго думал, потом поступил на факультет журналистики.

А) _____

Б) _____

В) _____

❼ Сначала преподаватель будет долго рассказывать о Пушкине, потом задаст вопросы.

А) _____

Б) _____

В) _____

제19과 원인표현 전치사와 접속사

A ИЗ-ЗА ТОГО, ЧТО~, БЛАГОДАРЯ ТОМУ, ЧТО~

이번 과에서는 원인을 표현하는 전치사와 접속사를 살펴봅시다. 여러분은 이미 이유를 나타내는 접속사 **потому что**를 알고 있습니다. 이 접속사는 회화에서도, 또 문어체의 글에서도 사용될 수 있습니다. 하지만 러시아어에는 이 외에도 원인을 나타내는 다른 전치사와 접속사들이 많이 있습니다. 이 중 대표적인 **из-за, из-за того, что~, благодаря, благодаря тому, что~**를 살펴봅시다.

1. ИЗ-ЗА + 생격명사, ИЗ-ЗА ТОГО, ЧТО: ~때문에

- Дети не пошли в парк из-за дождя.
  아이들은 비 때문에 공원에 가지 않았다.

- Я опоздал на урок из-за брата.
  나는 형 때문에 수업에 늦었다.

- Он не поступил в университет, из-за того(,) что он плохо сдал экзамены.
  그는 시험을 잘 못 치러서 대학에 입학하지 못했다.

- Летом я не поеду в Европу, из-за того(,) что у меня мало денег.
  돈이 조금밖에 없어서 나는 여름에 유럽에 가지 않을 거야.

2. БЛАГОДАРЯ + 명사여격, БЛАГОДАРЯ ТОМУ(,) ЧТО: ~ 덕분에

- Овощи быстро растут благодаря хорошей погоде.
  좋은 날씨 덕분에 야채들이 빨리 자란다.

- Он хорошо перевёл текст благодаря профессору / благодаря помощи профессора.
  교수님 덕분에/교수님의 도움 덕분에 그는 텍스트를 잘 번역했다.

> ⚠️ **주의하세요**

ИЗ-ЗА ~, ИЗ-ЗА ТОГО ЧТО ~

из-за와 из-за того что~는 무엇 때문에 어디에 늦었다던가, 무엇을 하지 못했다든가 등 주로 부정적인 이유를 말할 때 사용합니다. из-за 뒤에는 그렇게 부정적인 결과를 야기한 사람이나 이유를 씁니다.

반면 благодаря나 благодаря тому что는 어떤 일을 이루었다든가, 시험을 잘 보았다든가 등 주로 긍정적인 이유를 말할 때 사용합니다. благодаря 뒤에는 그런 긍정적인 결과를 이룰 수 있도록 도와준 사람이나 이유를 씁니다.

연습문제 1 из-за나 благодаря 중 적절한 전치사를 골라 쓰세요.

예시
Мы не поехали на море _____. (дождь)
→ Мы не поехали на море из-за дождя.
Он хорошо сделал домашнее задание _____. (помощь сестры)
→ Он сделал домашнее задание благодаря помощи сестры.

❶ Я вчера не написал доклад _____ (младший брат), потому что он весь день мешал мне.

❷ Соня не пошла на концерт _____ (зубная боль).

❸ Дедушка чувствует себя хорошо _____ (новое лекарство).

❹ Дедушка чувствует себя плохо _____ (высокая температура).

❺ _____ (Интернет) мы можем найти любую информацию.

❻ _____ (компьютерные игры) младший брат не сделал домашнее задание.

연습문제 2 из-за того, что...나 благодаря тому, что를 사용하여 절의 형태로 원인을 표현해 보세요.

> **예시**
> мы не поехали на море – машина сломалась
> → Мы не поехали на море из-за того, что машина сломалась.
>
> получать высокую зарплату – хорошо работать
> → Брат получает высокую зарплату благодаря тому, что хорошо работает.

❶ хорошо сдать экзамен – много заниматься

→ _____ .

❷ плохо сдать экзамен – мало заниматься

→ _____ .

❸ не разговаривать – поссориться

→ _____ .

❹ быстро найти работу – хорошо знать английский язык

→ _____ .

❺ опоздать в театр – пробка на дороге

→ _____ .

⚠ 주의하세요

공식 문서에 사용하는 원인 표현

러시아어 공식 문서나 담화문에서 원인을 표현할 때는 지극히 문어적인 표현을 사용합니다. 아래의 표현들을 익혀두면 공식 문서에서 원인을 표현할 때 사용할 수 있습니다.

по причине +	생격, по причине того, что ~	이러한 이유로
в связи с +	조격, в связи с тем, что ~	이것과 연관하여
ввиду +	생격, в виду того, что ~	~을 고려하여, ~ 때문에
вследствие +	생격, вследствие того, что ~	~ 때문에, ~의 결과로

- Декан не смог прийти на собрание по причине болезни.
  학장님은 병환으로 모임에 참석하지 못하셨습니다.

- Декан не смог прийти на собрание по причине того, что в это время находился в командировке.
  학장님은 지금 출장 중이신 관계로 모임에 참석하지 못하셨습니다.

- По причине того, что декан находился в командировке, он не смог прийти на собрание.
  학장님은 출장 중이신 관계로 모임에 참석하지 못하셨습니다.

- Я отсутствовал на лекции в связи с плохим самочувствием.
  나는 몸이 좋지 않아서 강의에 결석했다.

- Рождаемость в последние годы падает, в виду того что многие молодые люди не хотят иметь детей.
  많은 젊은이들이 아이를 원하지 않기 때문에 최근 몇 년 간 출산율이 떨어지고 있다.

- Вследствие коронавирусной инфекции многие школы и университеты перешли на дистанционное обучение.
  코로나바이러스 감염 때문에 많은 초중고등학교와 대학들이 비대면 교육으로 전환했다.

Б   접속사 ТАК КАК

접속사 так как은 회화에서는 잘 사용되지 않지만, 신문이나 잡지, 또 공식적인 말에서는 자주 사용됩니다. так как은 문장 중간에도 사용될 수 있고, 문장의 서두에도 사용될 수 있습니다.

- Так как студенты изучают русский язык только полгода, они не могут свободно говорить по-русски.
- Студенты не могут свободно говорить по-русски, так как они изучают русский язык только полгода.
  학생들이 러시아어를 배운 지 반년 밖에 되지 않았기 때문에 그들은 러시아어로 자유롭게 말할 수가 없습니다.

반면 потому что는 문장 중간에만 사용될 수 있습니다.

- Студенты не могут свободно говорить по-русски, потому что они изучают русский язык только полгода.
  학생들은 러시아어를 반년만 공부했기 때문에 러시아어로 자유롭게 말할 수 없습니다.

В   양보구문 전치사 및 접속사

전치사 несмотря на~와 접속사 несмотря на то, что ~, хотя ~는 양보구문을 표현하고, 문장의 첫머리나 중간에 모두 사용될 수 있습니다.

1. НЕСМОТРЯ НА~, НЕСМОТРЯ НА ТО(,) ЧТО ~ : ~에도 불구하고

- Дети гуляют в парке, несмотря на дождь.
  Несмотря на дождь, дети гуляют в парке.
  비에도 불구하고 아이들은 공원을 산책한다.
- Несмотря на большое домашнее задание, брат играл в компьютерные игры. 숙제가 많은데도 불구하고 동생은 컴퓨터 게임을 했다.
- Несмотря на пробки на дорогах, мы не опоздали в театр.
  길이 막혔는데도 불구하고 우리는 극장에 늦지 않았다.
- Несмотря на то, что Саша много занимался, он не получил «пять».
  Саша не получил «пять», несмотря на то что много занимался.
  공부를 많이 했음에도 불구하고 사샤는 5점을 받지 못했다.

2. ХОТЯ: ~에도 불구하고

- Хотя сын много занимался, он не получил «пять».
  Сын не получил «пять», хотя много занимался.
  많이 공부했음에도 불구하고, 아들은 5점을 받지 못했다.

연습문제 3 несмотря на ~를 사용하여 문장을 만들어 보세요.

> **예시**　плохая погода – поехать на море
> → Сергей поехал на море, несмотря на плохую погоду.
> → Несмотря на плохую погоду, Сергей поехал на море.

❶ плохое настроение – пойти на вечеринку

→ _____

❷ грипп – прийти на урок.

→ _____

❸ большое домашнее задание – играть в компьютерные игры.

→ _____

❹ пробки на дорогах – не опоздать на лекцию

→ _____

연습문제 4 주어진 단어로 먼저 несмотря на то, что ~를 사용한 문장을 만들고 이어 хотя를 사용한 문장을 만들어 보세요.

> **예시** заболеть – пойти на урок.
> → Несмотря на то что Маша заболела, она пошла на урок.
>   = Маша пошла на урок, несмотря на то что она заболела.
> → Хотя Маша заболела, она пошла на урок.
>   = Маша пошла на урок, хотя она заболела.

❶ чувствовать себя плохо – не пойти в поликлинику.

→ _____

→ _____

❷ изучать русский язык 5 лет – плохо говорить по-русски

→ _____

→ _____

❸ мало заниматься – получать хорошие оценки

→ _____

→ _____

❹ долго играть в футбол – не устать

→ _____

→ _____

제 20 과 목적표현 전치사와 접속사

A 접속사 чтобы

목적을 표시하기 위해서 러시아어에서는 접속사 **чтобы** 혹은 **для того, чтобы**를 사용합니다.

1. Саша купил мясо, чтобы **приготовить** пельмени.
   사샤는 펠메니를 만들기 위해 고기를 샀다.

2. Саша купил мясо, чтобы мама **приготовила** пельмени.
   사샤는 엄마가 펠메니를 만드시도록 고기를 샀다.

여러분이 볼 수 있는 것처럼 1번 문장에서는 **чтобы** 다음에 동사원형을 사용했고, 2번 문장에서는 동사 과거형을 사용하였습니다. 주절의 주어와 종속절의 주어가 같으면 동사원형을, 다르면 과거형을 사용합니다. 1번 문장은 고기를 사서 펠메니를 만들 것이 사샤로 동일한 주어이기에 동사원형을 사용했고, 2번 문장의 경우는 고기를 산 것은 사샤이지만, 요리를 할 것은 엄마로, 주어가 다르기 때문에 동사 과거형을 사용했습니다.

아래의 예문들을 주의깊에 읽어보세요.

주어가 동일한 경우

- Я взял в библиотеке словарь, чтобы подготовиться к экзамену.
  나는 시험을 준비하기 위해서 도서관에서 책을 빌렸다.
- Антон позвонил Кате, чтобы рассказать о новом фильме.
  안톤은 새 영화에 관해 이야기하기 위해 카챠에게 전화를 걸었다.
- Студенты пришли к профессору, чтобы спросить об экзамене.
  학생들은 시험에 관하여 묻기 위해 교수님을 찾아왔다.

주어가 다른 경우

- Я взял в библиотеке словарь, чтобы сестра подготовилась к экзамену.
  나는 누나가 시험준비를 하도록 도서관에서 사전을 빌렸다.
- Антон позвонил Кате, чтобы она (Катя) рассказала ему о новом фильме.
  안톤은 그녀가 그에게 새 영화에 관하여 이야기해 주도록 카챠에게 전화를 걸었다.
- Студенты пришли к профессору, чтобы он (профессор) помог им перевести текст.
  학생들은 교수님이 그들이 번역하는 것을 도와주시도록 교수님을 방문했다.

연습문제 1 чтобы + 동사원형의 구문을 사용하여 문장을 만들어 보세요.

> **예시** пойти – купить
> Света пошла в магазин, чтобы купить фрукты.

❶ искать информацию в Интернете – написать доклад

→ _____

❷ много заниматься – получить «5»

→ _____

❸ купить цветы – подарить

→ _____

❹ приехать – хорошо отдохнуть

→ _____

❺ сесть за стол – написать письмо

→ _____

❻ встретиться с… – спросить о…

→ _____

❼ встать рано – не опоздать

→ _____

❽ заниматься – похудеть

→ _____

❾ поехать – изучать

→ _____

연습문제 2 чтобы + 과거형의 구문을 사용하여 문장을 만들어 보세요.

> **예시** прийти – рассказать
> → Студенты пришли к профессору, чтобы он рассказал им об экзамене.

❶ искать информацию в Интернете – написать доклад

→ _____

❷ открыть рот – осмотреть зубы

→ _____

❸ прийти – дать

→ _____

❹ вымыть посуду – рад(а)

→ _____

❺ дать деньги – купить

→ _____

❻ встретиться с… – рассказать о…

→ _____

연습문제 3 주어진 문장을 마무리하되, 먼저 чтобы + 동사원형 구문을 사용하여, 이어서는 чтобы + 과거형 구문을 사용하여 문장을 마무리해 보세요.

> **예시** Соня позвонила Ивану, ~
> → Соня позвонила Ивану, чтобы поздравить его с днём рождения.
> → Соня позвонила Ивану, чтобы он рассказал ей о путешествии в Италию.

❶ Студенты пригласили на лекцию известного писателя, ~

→ чтобы _____ .

→ чтобы _____ .

❷ Мы пришли в деканат, ~

→ чтобы _____ .

→ чтобы _____ .

❸ Дима купил цветы, ~

→ чтобы _____ .

→ чтобы _____ .

❹ Сергей встретился с Леной, ~

→ чтобы _____ .

→ чтобы _____ .

Б ДЛЯ ТОГО, ЧТОБЫ…

чтобы와 для того, чтобы~는 그 기본 의미는 동일하지만, 후자의 경우 행위의 목적을 좀 더 강조하는 뉘앙스가 더해지게 됩니다.

- Соня позвонила Ивану, чтобы поздравить его с днём рождения.
  소냐는 그의 생일을 축하하기 위해 이반에게 전화를 걸었다.
- Соня позвонила Ивану для того, чтобы поздравить его с днём рождения.
  소냐는 이반의 생일을 축하할 목적으로 이반에게 전화를 걸었다.
- Соня позвонила Ивану, чтобы он рассказал ей о путешествии в Италию.
  소냐는 이반이 그녀에게 이탈리아 여행에 대해 이야기해 주도록 이반에게 전화를 걸었다.
- Соня позвонила Ивану для того, чтобы он рассказал ей о путешествии в Италию.
  소냐는 이반이 그녀에게 이탈리아 여행 이야기를 들려주게 할 목적으로 이반에게 전화를 걸었다.

⚠️ 주의하세요

чтобы가 생략되는 경우

1) 주절과 종속절의 주어가 한 사람이고, 2)주절에 운동동사(идти-пойти, ходить / ехать-поехать, ездить / приходить – прийти / приезжать – приехать / заходить – зайти 등)가 사용되는 경우에는 чтобы를 생략하여 사용할 수 있습니다.

> • Студенты едут в Москву, чтобы изучать русский язык.
> 학생들은 러시아어를 공부하기 위하여 모스크바로 간다.

따라서 위의 문장은 아래와 같이 чтобы를 생략하여 쓸 수 있습니다.

> • Студенты едут в Москву изучать русский язык.

하지만 위의 두 가지 조건 중 한 가지 조건이라도 맞지 않으면 반드시 чтобы를 사용해야 합니다.

> • Я иду к другу, чтобы он дал мне словарь.
> 나는 그가 내게 사전을 주도록 친구에게 간다.
> • Я позвонил другу, чтобы рассказать об экзамене.
> 나는 친구에게 시험에 관하여 말하기 위해 전화했다.
> • Я купил билет, чтобы поехать в Пусан.
> 나는 부산에 가기 위해 표를 샀다.

연습문제 4 주어진 문장을 읽고 чтобы를 생략할 수 있는 문장에는 ○표를, 생략할 수 없는 문장에는 X표를 해 보세요.

> **예시** Мы пришли к профессору, чтобы рассказать о своих проблемах. (○)
> Мы пришли к профессору, чтобы он помог нам. (X)

❶ Отец поехал в Сеул, чтобы поздравить дедушку с праздником. (   )

❷ Дети идут на стадион, чтобы играть в футбол. (   )

❸ Олег сказал комплимент Вере, чтобы она улыбнулась. (   )

❹ Женя позвонила Марине, чтобы пригласить её в гости. (   )

❺ Женя приехал в гости к Марине, чтобы она показала ему новые ( )
    фотографии.

❻ Маша взяла в библиотеке словарь, чтобы подготовиться к экзамену. ( )

❼ Завтра брат поедет на остров Чеджу, чтобы отдохнуть после сессии. ( )

B 목적표현 전치사 ЗА와 ДЛЯ

이번에는 목적표현 전치사 **за**와 **для**의 쓰임을 살펴봅시다.

1. ЗА + 조격: ~을 하러, ~을 위하여

- Я иду в магазин, чтобы купить фрукты. 나는 과일을 사러 상점에 간다.
- Я иду в магазин за фруктами. 나는 과일 사러 상점에 간다.

1) 주절에 운동동사가 있고, 2) 종속절의 **чтобы** 다음에 **купить, взять, получить** 등의 동사가 있으면, 동사 대신 '**за** + 조격명사'로 대체할 수 있습니다.

- Я иду в магазин, чтобы купить фрукты. → Я иду в магазин за фруктами.
  나는 과일을 사러 상점에 간다.
- Я иду в библиотеку, чтобы взять словарь. → Я иду в библиотеку за словарём.
  나는 사전을 빌리러 도서관에 간다.
- Я иду к декану, чтобы получить совет. → Я иду к декану за советом.
  나는 조언을 들으러 학장님께 간다.

하지만 두 가지 조건이 모두 충족되지 않으면 **чтобы** 절을 за + 조격명사로 대체할 수 없습니다.

- Я еду к бабушке, чтобы поздравить её с днём рождения.
  나는 생신을 축하드리러 할머니께 간다.
- Я взял книгу в библиотеке, чтобы подготовиться к экзамену.
  나는 시험을 준비하기 위해 도서관에서 사전을 빌렸다.

위의 문장의 경우는 **чтобы** 뒤에 **купить, взять, получить** 등의 동사가 사용된 것이 아니기 때문에 **за** + 조격명사 구문으로 대체할 수 없습니다.

연습문제 5 주어진 예를 보고 문장을 바꾸세요.

> **예시** Я иду в книжный магазин, чтобы купить словарь.
> → Я иду в книжный магазин за словарём.

❶ Мы идём к декану, чтобы получить помощь.
→ _____

❷ Завтра я пойду к подруге, чтобы взять новый диск.
→ _____

❸ Вчера Саша ходил в банк, чтобы получить деньги.
→ _____

❹ Бабушка идёт на рынок, чтобы купить овощи.
→ _____

❺ Мы идём в деканат, чтобы взять документы.
→ _____

2. ДЛЯ + 생격명사

전치사 **для**도 목적을 표현하는 **чтобы** 구문을 대체하는 전치사로 사용될 수 있습니다. 예를 볼까요?

- Мы идём к декану, чтобы обсудить наши проблемы
- Мы идём к декану для обсуждения наших проблем.
  우리는 우리 문제를 논의하기 위해 학장님께 간다.
- Студенты собрались в аудитории 303, чтобы решить важные вопросы
- Студенты собрались в аудитории 303 для решения важных вопросов.
  학생들은 중요한 문제의 해결을 위해 303호실에 모였다.

чтобы를 대체하는 '**для** + 명사 생격' 구문은 '**за** + 명사 대격' 구문에 비해 드물게 사용됩니다. 하지만 아래의 표현은 거의 숙어적으로 사용되니 꼭 숙지하기 바랍니다.

- **для разговора (с кем? о ком?-о чём?)** ~와 ~에 관한 대화를 위하여
- **для встречи (с кем?)** ~와의 만남을 위하여
- **для обсуждения (чего?)** ~을 논의하기 위하여
- **для решения (чего?)** ~의 해결을 위하여

전치사 **для**를 사용하여 목적을 표현하는 경우는 제한적이기 때문에 위의 명사들 정도만 기억해 두고, 일반적으로는 **чтобы**를 이용한 구문을 사용하는 것이 러시아어를 모국어로 사용하지 않는 화자가 실수를 줄일 수 있는 방법입니다.

16-20과 종합문제

1. 빈칸에 들어갈 부적절한 답을 고르세요.

   • В нашем городе много _____.

   a) зданий
   b) гостиницев
   c) парков
   d) площадей

※ 빈칸에 들어갈 적절한 답을 고르세요.(2-12)

2. • Раньше на нашем факультете _____ мало девушек.

   a) учился
   b) училась
   c) училось
   d) учились

3. • Сон Ми хорошо знает русский язык, она помогает _____.

   a) много однокурсников
   b) много однокурсникам
   c) многих однокурсников
   d) многим однокурсникам.

4. • В зоопарке очень _____, мы сделали _____.

   a) много животных; много фотографий
   b) много животных, многих фотографий
   c) многих животных; много фотографий
   d) многих животных; многих фотографий

5.
- Мы с Виктором пришли в кинотеатр _____ до начала фильма.

a) на 10 минут
b) в 10 минут
c) за 10 минут
d) через 10 минут

6.
- Мы учились в Москве _____ .

a) с марта по май
b) с марта до мая
c) от марта по май
d) от марта до мая

7.
- Ты не знаешь, как зовут эту девушку _____ ?

a) в длинных волосах в розовой блузке
b) в длинных волосах с розовой блузкой
c) с длинными волосами с розовой блузкой
d) с длинными волосами в розовой блузке

8.
- Алексей Михайлович – преподаватель _____ , известный специалист _____ .

a) истории; истории Дальнего Востока
b) истории; по истории Дальнего Востока
c) по истории; истории Дальнего Востока
d) по истории; по истории Дальнего Востока

16-20과 종합문제

9.
- В аптеке купи, пожалуйста, бальзам _____ мытья головы, таблетки _____ температуры и лекарство _____ насморка.

a) от, для, от
b) для, от, от
c) от, для, для
d) для, от, для

10.
- Он успешно учится _____.

a) от своих способностей
b) для своих способностей
c) из-за своих способностей
d) благодаря своим способностям

11.
- Я хорошо знаю японский язык, _____ никогда не была в Японии.

a) хотя
b) так как
c) до того как
d) после того как

12.
- Я познакомился с русским студентом, _____ научиться свободно говорить по-русски.

a) когда
b) несмотря на то что
c) чтобы
d) благодаря тому что

부록

- 연습문제 정답

연습문제 정답

제 1 과

연습문제 1

단수	복수	단수	복수
картина	картины	человек	люди
стол	столы	брат	братья
стул	стулья	общежитие	общежития
паспорт	паспорта	платье	платья
муха	мухи	учитель	учителя
учительница	учительницы	аптека	аптеки
слово	слова	яблоко	яблоки
школа	школы	карандаш	карандаши
магазин	магазины	банк	банки

연습문제 2

рубашка	рубашки	баскетбол	X
одежда	X	изучение	X
лимон	лимоны	конфета	конфеты
яблоко	яблоки	понимание	X
виноград	X	кот	коты
шкаф	шкафы	улица	улицы
мебель	X	президент	президенты
огурец	огурцы	картофель	X
молоко	X	клубника	X
город	города	лук	X

연습문제 3

1. Сколько стоит сахар?
2. Сколько стоит сыр?
3. Сколько стоят конфеты?
4. Сколько стоит свёкла?
5. Сколько стоят бананы?
6. Сколько стоят апельсины?
7. Сколько стоит клубника?
8. Сколько стоят баклажаны?
9. Сколько стоит бензин?
10. Сколько стоит молоко?

연습문제 4

килограмм моркови	← морковь (f.)	килограмм мандаринов	← мандарин
килограмм груш	← груша	килограмм колбасы	← колбаса
килограмм риса	← рис	килограмм муки	← мука
килограмм картофеля	← картофель (m.)	килограмм кабачков	← кабачок
килограмм лимонов	← лимон	килограмм конфет	← конфета

연습문제 5

1. На рынке много мандаринов, апельсинов, винограда, клубники.
2. Здесь много чая, хлеба, конфет, печенья.
3. В холодильнике много мяса, рыба, колбасы, сыра, масла, сосисок, яиц.
4. Дети ели много персиков, лимонов, груш, малины.
5. В деревне растёт много огурцов, помидоров, картофеля, риса, баклажанов, кабачков, капусты, моркови.
6. На площади много людей.

연습문제 6

	много		
вода	много воды	магазин	много магазинов
месяц	много месяцев	чеснок	много чеснока
окно	много окон	брат	много братьев
ручка	много ручек	нож	много ножей
клубника	много клубники	море	много морей
очки	много очков	сыр	много сыра
трамвай	много трамваев	девушка	много девушек
конфета	много конфет	серебро	много серебра
сын	много сыновей	учитель	много учителей
обувь (f.)	много обуви	посуда	много посуды
дети	много детей	сосед	много соседей

연습문제 정답

제 2과

연습문제 1

명사	성	명사	성
озеро	중성	портфель	남성
январь	남성	песня	여성
день	남성	лицо	중성
платье	중성	столовая	여성

명사	성	명사	성
тетрадь	여성	время	중성
кафе	중성	кофе	중성
имя	중성	преподаватель	남성
мороженое	중성	врач	남성

연습문제 2

❶ свободное время
❷ красивая, длинная, короткая, новая, старая песня
❸ хороший, плохой, чёрный, тёплый, холодный кофе
❹ большое, маленькое, красивое, старое, молодое, длинное лицо
❺ хороший плохой, новый, старый, молодой, добрый преподаватель
❻ большая, маленькая, хорошая, красивая, плохая, новая, старая столовая
❼ хороший, плохой, добрый, новый, старый, молодой врач
❽ холодный, тёплый, длинный январь
❾ большое, маленькое, хорошее, плохое, новое, старое, красивое кафе
❿ длинный, короткий, свободный, хороший, плохой, холодный, тёплый день
⓫ красивое, длинное, короткое имя
⓬ большое, маленькое, хорошее, плохое, красивое, тёплое, чёрное, новое, старое, длинное, короткое платье
⓭ хорошее, плохое, холодное, белое мороженое

연습문제 3

❶ Новый инженер Волкова хорошо работает.
❷ Известный профессор Дружинин прочитал лекцию по истории.
❸ Дети любят доброго повара Ивана Николаевича.
❹ Профессор Колосова Нина Михайловна, прочитавшая лекцию о Пушкине, сейчас задаёт вопросы студентам.
❺ Мы говорим о старом учителе Котовой Марии Владимировне.
❻ Мы познакомились с хорошим экономистом Трушиным Виктором Дмитриевичем.

연습문제 4

❶ Новый профессор Кузнецов Иван Сергеевич прочитал интересную лекцию. Новый профессор Соколова Вера Николаевна прочитала интересную лекцию.
❷ Декан Соколова спросила студентов об экзамене.
❸ Инженер Петров закончил работу в 8 часов.
❹ Учитель Москвин начал рассказывать школьникам о Пушкине.
❺ Директор Куприна Вера Сергеевна посоветовала нам поехать в Московский университет.

연습문제 5

❶ Известный режиссёр Матвеев получил приз на кинофестивале.
❷ Новый инженер Зайцев быстро сделал эту работу.
❸ Старый директор школы Новикова поздравила школьников с праздником.
❹ Молодой водитель Москвин купил новую машину.
❺ Хороший переводчик Степанова перевела корейский роман на русский язык.
❻ Знакомый доктор Белкина работала в большой клинике.

연습문제 정답

제 3과

연습문제 1

хоро́ший (!) – хоро́ш, хороша́, хорошо́, хороши́
плохо́й(!) – плох, плоха́, пло́хо, пло́хи/плохи́
у́зкий (!) – у́зок, узка́, узко́, узки́
бли́зкий (!) – бли́зок, близка́, близко́, близки́
дли́нный (!) – дли́нен, длинна́, длинно́, длинны́
бы́стрый (!) – бы́стр, быстра́, быстро́, быстры́
поле́зный – поле́зен, поле́зна, поле́зно, поле́зны
вре́дный(!) – вре́ден, вредна́, вредно́, вредны́
тала́нтливый – тала́нтлив, тала́нтлива, тала́нтливо, тала́нтливы
тру́дный(!) – тру́ден, трудна́, трудно́, трудны́
гру́стный(!) – гру́стен, грустна́, грустно́, грустны́
мя́гкий(!) – мя́гок, мягка́, мягко́, мягки́
дово́льный – дово́лен, дово́льна, дово́льно, дово́льны
свобо́дный – свобо́ден, свобо́дна, свобо́дно, свобо́дны

* плохо́й의 단어미 중성형용사의 경우 강세가 어미에 있지 않지만, 복수형의 경우는 강세가 о에 올 수도, и에 올 수도 있습니다.

연습문제 2

❶ Улица узка.
❷ Человек добр.
❸ Условие обязательно.
❹ Экзамен труден.
❺ Юбка коротка.
❻ Овощи полезны
❼ Глаза грустны

연습문제 3

❶ Вчера у Анны был день рождения, поэтому она была красива.
❷ Мы завтра будем заняты.
❸ Сейчас дети смеются, они очень рады, что мама купила им игрушки.
❹ Сегодня вечером я подарю сестре красивую блузку, я думаю, что она будет довольна.
❺ Софья получила неприятное письмо, поэтому вчера весь день была грустна.
❻ Сегодня Антон болен, поэтому он пьёт лекарство.
❼ Вчера вы были правы, Антон изучал английский язык не в Америке, а в Канаде.

제 4과

연습문제 1

❶ Брату брюки велики.
❷ Наташе юбка велика.
❸ Свете туфли малы.
❹ Дедушке рубашка мала.
❺ Бабушке пальто велико.

연습문제 2

❶ a) Да, ты прав (а), он любит Веру и хочет жениться на ней.
b) Нет, ты не прав(а), он сказал, что любит Марину.
❷ a) Да, ты прав(а), она сказала, что у неё нет способностей к языку.
b) Нет, ты не прав(а), она получает только «пятёрки» по русскому языку.
❸ a) Да, ты прав(а), она очень красива, все знакомые молодые люди говорят об этом.
b) Нет, ты не прав(а), Наташа красивее, чем Анна. Недавно Наташа победила в конкурсе красоты.

연습문제 3

❶ a) Я согласен (согласна) с тобой. / Я согласен (согласна), что наши студенты не хотят учиться, поэтому они получают низкие оценки.
b) Я не согласен (не согласна) с тобой, наши студенты не только отдыхают, но и много занимаются.

❷ a) Я согласен (согласна) с тобой. / Я согласен (согласна), что Петербург – самый красивый русский город.

b) Я не согласен (не согласна) с тобой, я думаю, что Москва – самый красивый русский город.

❸ a) Я согласен (согласна) с тобой. / Я согласен (согласна), что Ирине не надо выходить замуж за Бориса, потому что он не очень хороший человек.

b) Я не согласен (не согласна) с тобой, я думаю, что ей нужно выйти замуж за Бориса, потому что он очень добрый человек и успешный бизнесмен.

연습문제 4

А) ❶ 현재 Студенты рады поездке в Россию.

❷ 과거 Мила была рада письму от Павла.

❸ 미래 Я думаю, что сестра будет рада этому подарку.

Б) ❶ Вадим поступил в хороший университет, Наташа рада за него.

❷ Наши футболисты заняли первое место, мы рады за них.

❸ После операции дедушка чувствует себя очень хорошо, все родственники рады за него.

В) ❶ Папа купил игрушки. Сын рад, что папа купил игрушки.

❷ Наступили каникулы. Школьники рады, что наступили каникулы.

❸ В наш университет приехали русские студенты. Мы рады, что в наш университет приехали русские студенты.

Г) ❶ Родители будут рады, если **ты хорошо сдашь экзамены**.

❷ Сестра будет рада, если **она поступит на юридический факультет**.

❸ Дедушка будет рад, если **мы приедем к нему в гости**.

❹ Если **студенты смогут поехать в Москву, они будут рады**.

❺ Если **родители подарят мне машину, я буду рад**.

연습문제 5

❶ Родители довольны своей жизнью.

❷ Наша семья довольна, что переехала в новую квартиру.

❸ Студенты довольны, что хорошо говорят по-русски.

❹ Дедушка доволен отпуском на Чеджу.

연습문제 6

❶ Дети счастливы, что поехали вместе с родителями в Европу.

❷ Отец счастлив, что сын стал врачом.

❸ Мама счастлива, что сын нашёл хорошую работу.

연습문제 7

❶ - На прошлой неделе мы ездили на экскурсию. Почему ты не ездил с нами?
   - Потому что **я был занят**.

❷ - Марина, завтра ты пойдёшь на выставку?
   - а) Да, завтра **я буду свободна**.
   - б) Нет, завтра **я буду занята**.

❸ - Сейчас у тебя есть свободное время?
   - а) Да, сейчас **я свободна**.
   - б) Нет, сейчас **я занята**.

❹ - Анна Ивановна, завтра помогите, пожалуйста, мне перевести текст.
   - а) Хорошо, завтра **я буду свободна**.
   - б) Извините, завтра **я буду занята**.

❺ - У тебя сейчас есть дела?
   - а) Да, сейчас я **занят(а)**.
   - б) Нет, сейчас я **свободен(свободна)**.

❻ - Антон, почему вчера ты не позвонил Наташе и не поздравил её с днём рождения?
   - **Потому что вчера я был очень занят весь день**.

연습문제 정답

연습문제 8

1. Потому что они были больны.
2. Нет, она здорова.
3. Потому что я болен.
4. А сегодня он здоров.
5. Вчера я была больна.

연습문제 9

1. Потому что я не голодна.
2. Потому что я не голоден.
3. Потому что я не голоден.

연습문제 10

1. Я похож(а) на отца, на бабушку, на старшего брата.
2. а) - Да, мы (с братом / с сестрой) похожи.
   б) - Нет, мы (с братом / с сестрой) не похожи
3. а) - Да, они (очень) похожи
   б) - Нет, они (совсем) не похожи.
4. Этот камень похож на мышь.

연습문제 11

1. Спорт полезен для здоровья.
2. Это лекарство полезно для пожилых людей.
3. Советы отца полезны детям
4. Алкоголь вреден для здоровья / для печени.
5. Этот климат полезен дедушке.

제 5 과

연습문제 1

원급	비교급	원급	비교급
добрый	добрее более / менее добрый	простой	проще более / менее простой
лёгкий	легче более / менее лёгкий	трудный	труднее более / менее трудный
быстрый	быстрее более / менее быстрый	яркий	ярче более / менее яркий
сильный	сильнее более / менее сильный	слабый	слабее более / менее слабый
строгий	строже более / менее строгий	полезный	полезнее более / менее полезный
вредный	вреднее более / менее вредный	частый	чаще более / менее частый
длинный	длиннее более / менее длинный	свободный	свободнее более / менее свободный
большой	больше	крепкий	крепче более / менее крепкий

연습문제 2

1. а) Дима выше Антона.
   Дима выше, чем Антон.
   Дима выше по сравнению с Антоном.
   Антон высокий, а Дима ещё выше.
   б) Дима более высокий, чем Антон.
   Дима более высокий по сравнению с Антоном.
2. а) Мясо вкуснее рыбы.
   Мясо вкуснее, чем рыба.
   Мясо вкуснее по сравнению с рыбой.
   Рыба вкусная, а мясо ещё вкуснее.
   б) Мясо более вкусное, чем рыба.
   Мясо более вкусное по сравнению с рыбой.
3. а) Экзамен в университете труднее, чем в школе.
   Экзамен в университете труднее по сравнению со школой.
   Экзамен в школы трудный, а в университете ещё труднее.

б) Экзамен в университете более трудный, чем в школе.

Экзамен в университете более трудный по сравнению со школой.

연습문제 3

1. Сеул гораздо (намного, значительно) больше Сувона.
2. Волга гораздо (намного, значительно) шире Дона.
3. Русский язык гораздо (намного, значительно) труднее английского.
4. Катя гораздо (намного, значительно) способнее Светы.
5. Новый дом гораздо (намного, значительно) лучше старого.

연습문제 4

1 петь громко

단순형 비교급

Марина поёт громче Вали.

Марина поёт громче, чем Валя.

Марина поёт громче по сравнению с Валей.

Валя поёт громко, а Марина ещё громче.

복합형 비교급

Марина поёт более громко, чем Валя.

Марина поёт более громко по сравнению с Валей.

2 говорить медленно

단순형 비교급

Дедушка говорит медленнее бабушки.

Дедушка говорит медленнее, чем бабушка.

Дедушка говорит медленнее по сравнению с бабушкой.

Бабушка говорит медленно, а дедушка ещё медленнее.

복합형 비교급

Дедушка говорит более медленно, чем бабушка.

Дедушка говорит более медленнее по сравнению с бабушкой.

3 ходить быстро

단순형 비교급

Старший брат ходит быстрее младшего (брата).

Старший брат ходит быстрее, чем младший (брат).

Старший брат ходит быстрее по сравнению с младшим (братом).

Младший брат ходит быстро, а старший ещё быстрее.

복합형 비교급

Старший брат ходит более быстро, чем младший (брат).

Старший брат ходит более быстро по сравнению с младшим (братом).

4 вставать рано

단순형 비교급

Мама встаёт раньше папы.

Мама встаёт раньше, чем папа.

Мама встаёт раньше по сравнению с папой.

Папа встаёт рано, а мама ещё раньше.

복합형 비교급

Мама встаёт более рано, чем папа.

Мама встаёт более рано по сравнению с папой.

5 проводить время интересно

단순형 비교급

Мы проводим время интереснее вас.

Мы проводим время интереснее, чем вы.

Мы проводим время интереснее по сравнению с вами.

Вы проводите время интересно, а мы ещё интереснее.

복합형 비교급

Мы проводим время более интересно, чем вы.

Мы проводим время более интересно по сравнению с вами.

연습문제 정답

연습문제 5

단순형 비교급

В этом году цена на нефть выше, чем в прошлом (году).

В прошлом году цена на нефть была выше, чем в этом (году)

В этом году цена на нефть выше по сравнению с прошлым (годом).

В прошлом году цена на нефть была выше по сравнению с этим (годом)

복합형 비교급

В этом году цена на нефть более высокая, чем в прошлом (году).

В прошлом году цена на нефть была более высокой, чем в этом (году)

В этом году цена на нефть более высокая по сравнению с прошлым (годом).

В прошлом году цена на нефть была более высокой по сравнению с этим (годом)

단순형 비교급

Работа в компании «Звезда» труднее, чем в «Лире»

Работа в компании «Звезда» труднее по сравнению с «Лирой»

복합형 비교급

Работа в компании «Звезда» более трудная, чем в «Лире»

Работа в компании «Звезда» более трудная по сравнению с «Лирой»

연습문제 6

❶ В Корее погода теплее/более тёплая, чем в России.

❷ Летов в Риме жарче/более жарко, чем в Лондоне.

❸ Вчера было пасмурнее, чем сегодня. Вчера было более пасмурно, чем сегодня

1 – 5과 종합문제

❶ a)　❷ c)
❸ b)　❹ d)
❺ d)　❻ b)
❼ a)　❽ d)
❾ c)　❿ a)
⓫ b)　⓬ a)

제 6 과

연습문제 1

원급	최상급	원급	최상급
широкий	широчайший, -ая,-ее,-ие	высокий	высочайший, высший
крупный	крупнейший	вкусный	вкуснейший
добрый	добрейший	холодный	холоднейший
прекрасный	прекраснейший	полезный	полезнейший
трудный	труднейший	интересный	интереснейший
ленивый	ленивейший	серьёзный	серьёзнейший
сильный	сильнейший	талантливый	талантливейший
великий	величайший	плохой	худший
глубокий	глубочайший	главный	главнейший

연습문제 2

❶ Сораксан – высочайшие горы Кореи / в Корее.
Сораксан – самые высокие горы Кореи. / в Корее.

❷ Волга – длиннейшая река Европы / в Европе.
Волга – самая длинная река Европы / в Европе.

❸ Байкал – глубочайшее озеро России / в России.
Байкал – самое глубокое озеро России / в России.

연습문제 3

❶ Волга – одна из крупнейших рек России / в России.

Волга – одна из самых крупных рек России / в России.

❷ IU – одна из популярнейших певиц Кореи / в Корее.

IU – одна из самых популярных певиц Кореи / в Корее.

연습문제 4

❶ Слон – крупнейшее в мире животное.

Слон – самое крупное в мире животное.

❷ «Будж Дубай» – высочайшая в мире башня.

«Будж Дубай» – самая высокая в мире башня.

연습문제 5

❶ а) Мы говорим о Сеуле – самом крупном городе в Корее.

б) Туристы едут по Сеулу – самому крупному городу в Корее.

❷ а) В Большом театре мы посмотрели балет Петра Ильича Чайковского - одного из самых талантливых в мире композиторов.

б) Петру Ильичу Чайковскому - одному из самых талантливых в мире композиторов, было 39 лет, когда он написал оперу «Евгений Онегин».

❸ а) На лекции профессор рассказал об Александре Пушкине – величайшем русском поэте.

б) У Александра Пушкина – величайшего русского поэта - много стихов о любви.

❹ а) Я получил низкую оценку по экономике – одному из самых трудных предметов этого семестра.

б) Студенты интересуются экономикой – одним из самых трудных предметов этого семестра.

연습문제 6

А)

❶ Вадим знает корейский язык хуже всех на нашем факультете.

❷ Софья занимается спортом чаще всех в нашей группе.

❸ Мама встаёт утром раньше всех в нашей семье.

❹ Виктор играет в баскетбол лучше всех в нашей команде.

Б)

❶ Больше всего мне нравится зелёный цвет.

❷ Лучше всего мама готовит пельмени.

❸ Больше всего я не люблю убирать свою комнату.

❹ Чаще всего я разговариваю с друзьями о наших дальнейших планах.

제 7과

연습문제 1

❶ **Антон и машина Антона. Антон и отец Антона**
안톤과 그의 자동차. 안톤과 그의 아버지

<u>Антон</u> купил <u>свою</u> машину в прошлом месяце.
안톤은 지난 달에 자기 자동차를 샀다. (안톤에게 속한 자동차이므로 재귀형용사 사용)

Виктор: Антон, <u>мне</u> нравится <u>твоя</u> машина. Сколько стоит <u>твоя</u> машина?
빅토르: 안톤, 나는 네 차가 맘에 든다. 네 차는 얼마니? (안톤에게 속한 차이므로 재귀형용사를 사용하지 않음)

Антон: <u>Мне</u> тоже нравится <u>моя</u> машина. Я не знаю, сколько стоит <u>моя</u> машина, потому что <u>я</u> получил эту машину от <u>своего</u> отца. <u>Мой</u> отец подарил мне машину.
안톤: 나도 내 차가 좋아.(나에게 속한 차에 관하여 이야기 하지만 소유형용사 свой는 주격으로는 사용되지 않기에 моя를 사용)

연습문제 정답

❷ Лидия и друг Лидии
리디아와 리디아의 남자친구

Лидия познакомилась <u>со своим</u> другом 2 года назад.

리디아는 자기 남자친구와 2년 전에 알게 되었다. (리디아에게 속한 남자친구이므로 재귀형용사 사용)

В первый раз она увидела <u>своего</u> друга на концерте в студенческом клубе.

그녀는 자기 남자친구를 학생 클럽에서 있었던 콘서트에서 처음 보았다. (리디아에게 속한 남자친구이므로 재귀형용사 사용)

Недавно <u>её</u> друг окончил университет и теперь работает в большой фирме.

최근에 그녀의 남자친구는 대학을 졸업했고, 지금은 큰 회사에서 일한다. (서술자에게 속한 남자친구가 아니고 리디아의 남자친구이기에 её를 사용)

Лидия всегда рассказывает <u>своему</u> другу о проблемах, и <u>её</u> друг всегда даёт ей хорошие советы.

리디아는 항상 자기 남자친구에게 문제들에 관하여 이야기하고, 그녀의 남자친구는 항상 그녀에게 좋은 충고를 해 준다. (리디아에게 속한 남자친구이므로 재귀형용사 사용)

연습문제 2

❶ Мама купила брюки сыну, а Виктор **купил брюки себе.** / Мама купила брюки сыну, а Виктор - **себе.**

❷ Сергей говорит о Диме, а Вадим **говорит о себе.** / Сергей говорит о Диме, а Вадим - **о себе.**

❸ Дима играет в шахматы с Антоном, а Иван **играет с собой.** / Дима играет в шахматы с Антоном, а Иван - **с собой.**

❹ Бабушка приготовила ужин для семьи, а Ира **приготовила ужин для себя.** / Бабушка приготовила ужин для семьи, а Ира - **для себя.** /

❺ Этот человек гордится **собой**, он всегда говорит только **о себе**.

연습문제 3

❶ Ему нужно взять с собой камеру. Ему надо взять с собой корейских друзей.

❷ Им нужно взять с собой удобную обувь и тёплую одежду, потому что сейчас на Сораксане прохладно.

❸ Им надо взять с собой футбольный мяч. / Им надо взять с собой воду.

❹ Ей надо взять с собой крем от загара и солнцезащитные очки. Ей надо взять с собой детей.

제 8과

연습문제 1

❶ Сегодня мама занята, поэтому сестра сама пошла на рынок.

❷ Сегодня у меня экзамен, поэтому у меня нет времени, и младший брат сам вымыл посуду.

❸ Старшая сестра очень занята, поэтому я сама убрала нашу комнату.

❹ Мама плохо чувствует себя, поэтому папа сам постирал одежду.

연습문제 2

❶ Лара сама сказала мне об этом.

❷ Профессор сам сказал нам об этом.

❸ Олег сам сказал мне об этом.

❹ Наташа сама сказал мне об этом. Сергей сам сказал мне об этом.

❺ Папа сам сказал мне об этом.

연습문제 3

❶ Саша, не покупай хлеб, я сам(а) куплю.

❷ Мила, не говори родителям об этой проблеме, я сам(а) скажу.

❸ Игорь, не помогай младшему брату, я сам(а) помогу ему.

❹ Мама, не мой посуду, я сам(а) вымою.

❺ Ира, не бери с собой обед, я сам(а) возьму.

연습문제 정답

연습문제 4

А)

❶ Недавно я уже посмотрел этот фильм, он очень грустный. Давай посмотрим другой фильм.

❷ Мой друг недавно познакомился с Максимом, он сказал, что Максим не очень добрый человек. Давай познакомимся с другим русским студентом.

❸ Лексус – самый дорогой автомобиль. Давай купим другую машину.

❹ Я уже попробовала кимчичиге. Этот суп очень острый. Давай закажем другой суп.

Б)

❹ Тогда давай поедем в другую страну.

❹ Тогда давай закажем другое блюдо.

❹ Тогда давай купим другие фрукты.

❹ Тогда давай встретимся в другой день. /Тогда давай пойдём в театр в другой день.

연습문제 5

❶ - Тебе нравится Зико?
   - Нет, я люблю другого певца.

❷ На лекции по литературе профессор рассказывает о разных русских писателях: Толстом, Достоевском, Чехове, Булгакове.

❸ Сын и дочь учатся в разных школах: сын – в математической школе, а дочь – в химической (школе).

❹ Я не хочу разговаривать об этом, давай поговорим о других делах.

❺ - Где мы встретимся? В парке?
   - Нет, давай встретимся в другом месте: около университета или на остановке автобуса.

❻ В кабинете профессора много разных книг.

❼ - Ты ходил в кино с Ларисой?
   - Нет, я ходил с другой девушкой. Ты не знаешь её.

❽ У младшего брата много разных игрушек.

연습문제 6

❶ У меня два друга,
одного я поздравил с праздником, а другого забыл поздравить
одному 20 лет, а другому – 21 год.
у одного есть старший брат, а у другого – младшая сестра.
с одним я играю в теннис, а с другим – в шахматы.
к одному я часто хожу в гости, а к другому – редко.

❷ Я прочитал две книги,
одна интересная, а другая – скучная.
одну я купил, а другую взял в библиотеке.
об одной профессор рассказал на лекции, а о другой – нет.

연습문제 7

❶ Я живу в общежитии. С одной стороны, мне не нужно каждое утро ездить в университет на метро, но с другой стороны, в общежитии очень шумно.

❷ Я поссорилась с другом. С одной стороны, я очень сержусь на него, но с другой стороны, хотела бы как можно быстрее помириться с ним.

❸ Мой рост – два метра. С одной стороны, я хорошо играю в баскетбол, но с другой сторон, мне трудно купить одежду.

❹ У меня очень много друзей. С одной стороны, я часто провожу время с друзьями и мне не скучно, но с другой стороны, я мало занимаюсь, поэтому получаю не очень хорошие оценки.

연습문제 정답

제 9과

연습문제 1

① Эта книга интересная, а та скучная.
② Эти помидоры дорогие, а те дешёвые.
③ Эта дорога длинная, а та короткая.
④ Этого мальчика зовут Саша, а того Андрей.
⑤ В этом ресторане всегда вкусно готовят, а в том невкусно.

연습문제 2

① Сестра окончила университет в 2018 году, и в том же году она вышла замуж.
② В этом семестре нам читал лекции по истории тот же профессор, что и в прошлом семестре.
③ Андрей написал доклад о том же русском писателе, что и Вика.
④ Младшая сестра ходит в ту же школу, что и старшая.
⑤ Я учусь в том же университете, что и Дима.

연습문제 3

① Я взял в библиотеке не тот роман Толстого.
② Дедушка пошёл в поликлинику не в тот день.
③ Папа по ошибке взял не те очки.
④ Официант по ошибке принёс нам не ту пиццу.
⑤ Ира позвонила не той подруге.

연습문제 4

① Он всегда так отвечает.
② Он всегда читает такие газеты.
③ Она всегда так выглядит.
④ Он любит такую музыку.

연습문제 5

① Наш профессор такой строгий! Он так строго говорит!
② Бабушка так сильно заболела! У неё такая высокая температура!
③ Я познакомилась с таким хорошим парнем!
④ Они живут в таком старом доме!
⑤ Эти фрукты такие полезные!
⑥ Наш отец много курит, это так вредно для здоровья!

연습문제 6

А)

① Этот студент такой серьёзный!
Какой серьёзный студент!
② Эти дети такие умные!
Какие умные дети!
③ Этот артист такой талантливый!
Какой талантливый артист!
④ Эта вода такая чистая!
Какая чистая вода!
⑤ Этот воздух такой чистый!
Какой чистый воздух!
⑥ Это пальто такое дешёвое!
Какое дешёвое пальто!
⑦ Эта книга такая интересная!
Какая интересная книга!
⑧ Эта семья такая дружная!
Какая дружная семья!

Б)

① Вадим так хорошо учится!
Как хорошо учится Вадим!
② Брат так быстро плавает!
Как быстро плавает брат!
③ Профессор так интересно рассказывает о Пушкине!
Как интересно профессор рассказывает о Пушкине!
④ Вера так хорошо выглядит!
Как хорошо выглядит Вера!
⑤ Мама так молодо выглядит!
Как молодо выглядит мама!
⑥ Дети так весело играют!
Как весело играют дети!

제 10과

연습문제 1

1. - Ты не знаешь, где Ира?
   - Не знаю, она почему-то не пришла.
2. Вы когда-нибудь были в России?
3. Кто-нибудь ходил вчера в Большой театр на балет «Золушка»?
4. Сейчас в кинотеатре «Москва» идёт какой-то новый фильм, я забыла, как он называется.
5. У тебя большие проблемы? Я советую тебе рассказать о них кому-нибудь.
6. Сейчас дети играют в какую-то интересную игру. Они всегда играют во что-нибудь интересное.
7. На столе лежат чьи-то книги. Наверное, это книги Юрия.
8. Тебе скучно? Тогда возьми в библиотеке какую-нибудь интересную книгу.
9. Ты каждый год проводишь каникулы дома. Это неинтересно. Тебе надо поехать куда-нибудь.
10. Вы где-нибудь отдыхали в этом году?
11. У кого-нибудь есть свободное время? Помогите мне, пожалуйста.
12. Вот Вадим кому-то звонит, он с кем-то разговаривает и весело улыбается. Наверное, он разговаривает с Наташей, которая ему очень нравится.
13. - Мама, купи, пожалуйста, какую-нибудь игрушку.
    - Папа позвонил и сказал, что уже купил тебе какую-то игрушку.
14. - Ты что-нибудь ел?
    - Да, я пообедал в каком-то маленьком кафе.
15. Завтра ты пойдёшь куда-нибудь или весь день будешь дома?
16. Вот идёт бабушка, у неё большая сумка. Она что-то купила на рынке.
    Она каждое утро что-нибудь покупает.
17. Ты не знаешь, когда будет экскурсия? Позвони кому-нибудь и спроси.
18. Максим о чём-то попросил Андрея, наверное, о помощи. В детстве он тоже всегда просил кого-нибудь помочь ему.
19. Папа куда-то положил ключи от машины и не может найти их.
20. Мы не знаем, как сделать эту работу. Нам нужен чей-нибудь совет.

연습문제 2

1. Почти все студенты хорошо сдали экзамен, только кое-кто получил «2».
2. Саша очень плохо учится, и последний экзамен он сдал кое-как.
3. Около университета много ресторанов. Но не во всех ресторанах вкусно готовят, только кое-где.
4. Не у всех корейцев есть дача, только кое у кого.
5. Дети с удовольствием поют песни, но кое-кому не нравится петь.
6. Дождь кончился, но на дороге кое-где большие лужи.

6 – 10과 종합문제

1. b)
2. a)
3. d)
4. c)
5. b)
6. d)
7. a)
8. a)
9. c)
10. b)
11. c)
12. d)

제 11과

연습문제 1

1. - Я никого не видел.
2. - Я никому не звонил.
3. - Я ни с кем не познакомился.
4. - Я ни о ком не думаю.
5. - Ни у кого нет словаря.
6. - Ни у кого нет вопросов.
7. - Я ни о чём не мечтаю.
8. - Я ничем не занимаюсь.
9. - Я никуда не ходил.

연습문제 정답

⑩ - Я нигде не был.
⑪ - Папа никогда не отдыхает.
⑫ - Я никакую музыку не люблю.
⑬ - Мне никакой писатель не нравится.
⑭ - В сумке ничего нет.
⑮ - Я ничего не купил.
⑯ - Я ничего не ел.
⑰ - Я ничего не делал.

연습문제 2

❶ Я ни с кем не разговаривал об этой проблеме.
❷ Мы никого не встретили вчера в парке.
❸ Вчера вечером я никуда/ни к кому не ходил, весь день был дома.
❹ Вчера в магазине я ничего не купил, потому что у меня было мало денег.
❺ Ни у кого нет свободного времени.
❻ Маша ни с кем не переписывается.
❼ Антон ничем не занимается, у него нет никакого хобби.
❽ Мама ничего не приготовила на ужин, поэтому мы поужинаем в ресторане.
❾ Я никаким видом спорта не занимаюсь.
❿ Она никому не верит.
⓫ Вадим никому/никогда не говорит о своих проблемах.

연습문제 3

❶ Марине не с кем пойти в кино, потому что все её подруги заняты.
❷ Дмитрию некому рассказать о своих проблемах, потому что его родители сейчас отдыхают на Чеджу. / потому что у него нет близких друзей.
❸ Детям негде гулять, потому что здесь нет парка.
❹ Мне не о чем разговаривать с Виктором, потому что у нас разные интересы: он всегда говорит только о футболе, а я не люблю спорт, мне нравится литература.
❺ Нам некуда повесить картину, потому что в нашей комнате на стенах нет свободного места, там висит много картин и фотографий.

제 12과

연습문제 1

❶ У брата восемь друзей и подруг.
❷ Антону нравятся две девушки.
❸ В нашем университете три стадиона, шесть общежитий, четыре библиотеки.
❹ На этом факультете тысяча пятьсот два студента и тридцать восемь преподавателей.
❺ В библиотеке две тысячи пятьсот восемьдесят семь журналов, четырнадцать тысяч семьсот сорок две газеты, восемь тысяч двести одна книга.
❻ Здесь три тысячи двести пятьдесят два человека, две тысячи триста четырнадцать детей.
❼ На столе лежит два яблока, две груши, пять бананов.

연습문제 2

А)
❶ стояли ❷ стоял ❸ стояло ❹ стояла ❺ стояло
❻ стояло/ стояли ❼ стояло ❽ стояли

Б)
❶ пришло ❷ пришли ❸ пришло/пришли
❹ пришло ❺ пришло/пришли ❻ пришёл

연습문제 3

❶ лежит /лежало
❷ лежит, лежат / лежало, лежали
❸ лежат / лежали
❹ лежит, лежат / лежало, лежали
❺ лежат / лежали
❻ лежит, лежат / лежало, лежали
❼ лежит / лежала
❽ лежат / лежали
❾ лежит / лежало

제 13과

연습문제 1

1. Сегодня на лекции нет восьми студентов.
2. У двадцати семи девочек нет учебников.
3. Вчера на экскурсии не было двух мальчиков.
4. Я не могу поехать на автобусе, у меня нет двадцати трёх рублей, потому что я потеряла кошелёк.
5. Отец работает в этой фирме около тридцати пяти лет.
6. Брат жил в России более четырёх месяцев.
7. Лена готовилась к экзамену около двенадцати часов.
8. Мы с Антоном познакомились не менее трёх лет назад.

연습문제 2

Обычно я встаю в 7 часов. С семи до семи пятидесяти я умываюсь, одеваюсь, готовлю завтрак. Я завтракаю с семи пятидесяти до восьми двадцати, потом я иду в университет. Утром с девяти я слушаю лекции. В 12 часов мы с друзьями идём в студенческую столовую.

Там мы обедаем в течение сорока минут. После обеда до трёх сорока пяти мы снова слушаем лекции, потом идём в библиотеку, там мы занимаемся с четырёх до шести.

Мы очень любим играть в баскетбол, поэтому идём на стадион и играем до шести пятидесяти. Мы ужинаем с семи до семи двадцати пяти. Обычно я возвращаюсь домой в 8 часов, с восьми до одиннадцати тридцати я смотрю телевизор, играю в компьютерные игры. Я ложусь спать в 12 часов и сплю до семи.

연습문제 3

1. Утром на дороге была пробка, поэтому я ехал в университет около двух часов.
2. В этом музее более восьмисот пятидесяти картин.
3. Мы пригласили на фестиваль около ста восьмидесяти гостей.
4. Брат был в Москве более трёх месяцев, а отец около шести месяцев.
5. Я изучаю русский язык менее трёх лет, а сестра – более восьми лет.
6. Я готовился к экзамену по русской истории в течение двух дней.
7. Студенты готовились к фестивалю более десяти дней.
8. Младший брат играет в компьютерные игры каждый день не менее четырёх часов, а делает домашнее задание не более двадцати минут.
9. В нашем городе около семисот сорока тысяч жителей.
10. Я читал роман Толстого в течение трёх недель.

연습문제 4

1. В этой группе двадцать четыре студента. Я хорошо знаю двух студентов и не знаю двадцать два студента.
2. В библиотеке двадцать четыре книги на русском языке. Я прочитал две книги и не прочитал двадцать две книги.
3. В магазине я купил четыре яблока, пять груш, двадцать три мандарина.
4. Этот фотограф вчера на празднике сфотографировал тридцать два человека. Потом он увидел двух собак, они были очень милыми, поэтому их он тоже сфотографировал.
5. В зоопарке мы видели трёх слонов, пять медведей, двадцать четыре обезьяны.
6. Вадим вчера написал два письма девушкам. Он одновременно любит двух девушек.
7. На нашем факультете пятьдесят восемь преподавателей. Я хорошо знаю тридцать три преподавателя и не знаю двадцать пять преподавателей. Я часто прошу четырёх преподавателей помочь мне.

연습문제 정답

제 14과

연습문제 1

1. Я живу на восьмом этаже, а моя подруга на шестнадцатом (этаже).
2. Сегодня двадцать девятое марта. Экзамен будет двадцатого июня.
3. Наша семья ездила в Америку в августе две тысячи семнадцатого года.
4. Олег окончил университет в две тысячи пятом году.
5. Друг учится на четвёртом курсе.
6. Семьсот восьмая аудитория находится на седьмом этаже.
7. Тебе лучше поехать на тысяча сто двенадцатом автобусе.
8. Брат родился двадцать второго сентября две тысячи первого года.
9. Антон Чехов родился в тысяча восемьсот шестидесятом году, а умер в тысяча девятьсот четвёртом (году).
10. Запомните новые слова на сто шестьдесят первой странице.
11. Я живу в триста пятьдесят третьем доме в тысяча четыреста шестой квартире.

연습문제 2

1. Сегодня тридцатое марта.
2. Мы поедем в Сеул тридцать первого марта.
3. Сейчас тысяча девятьсот девяносто седьмой год.
4. Отец родился в тысяча девятьсот шестьдесят втором году.
5. Мама родилась двадцать четвёртого июля тысяча девятьсот семьдесят третьего года.
6. Брат учится в шестом классе, а сестра на втором курсе.
7. Профессор работает в пятьсот четырнадцатом кабинете.
8. Я еду в университет на сто шестнадцатом автобусе, а мой друг на тридцать четвёртом автобусе.

연습문제 3

1. Мы поедем в Петербург двадцать шестого августа.
2. В нашем городе более десяти театров и не менее двадцати музеев.
3. Каждый день с девяти часов до трёх (часов) я слушаю лекции в университете. Я слушаю лекции в течение шести часов.
4. Наша семья живёт в сто первом доме, в двести тридцать пятой квартире, на шестом этаже.
5. Вчера был праздник Чусок. Мы ездили в Пусан к бабушке и дедушке. На дороге была большая пробка, поэтому мы ехали до Пусана около двадцати двух часов. / Мы ехали до Пусана в течение двадцати двух часов.
6. Старший брат родился четырнадцатого декабря тысяча девятьсот восемьдесят седьмого года, а я родилась в тысяча девятьсот девяносто третьем году.
7. В нашем университете более шести тысяч студентов и около ста пятидесяти профессоров.
8. Сегодня одиннадцатое октября, а пятнадцатого октября я поеду на остров Чеджу.
9. После экзамена Миша с друзьями весело проводил время до трёх часов ночи, а Виктор до пяти часов утра. Они развлекались около восьми часов. Потом Миша ехал домой более часа, а Виктор ехал домой около трёх часов.

제 15과

연습문제 1

1. У бабушки трое очков.
2. На столе двое ножниц.
3. В нашей квартире четверо часов.
4. У сестры трое духов.
5. Поезд едет пятеро суток.

연습문제 2

❶ В этой команде четверо мальчиков и три девочки.

❷ У этой певицы было трое мужей.

❸ В нашей семье двое детей, а в семье Егора – трое детей.

❹ На остановке автобуса стоят семеро мужчин и две женщины.

❺ Эти четверо футболистов очень хорошо играют.

❻ У бабушки двое очков.

❼ Пятеро детей играют в парке.

연습문제 3

❶ три женщины / X

❷ пятеро теннисистов / пять теннисистов

❸ четверо дедушек / четыре дедушки

❹ две учительницы / X

❺ семеро иностранцев / семь иностранцев

❻ трое друзей / три друга

❼ три англичанки / X

❽ двое японцев / два японца

❾ трое мужчин / три мужчины

❿ четыре подруги / X

연습문제 4

❶ Вчера я послушал две лекции - по русской истории и по экономике. Мне понравились обе (лекции).

❷ У меня есть русские друзья – Сергей и Юрий. Я часто пишу обоим (друзьям).

❸ У меня есть две русские подруги – Соня и Лера, с обеими (подругами) я познакомился в Москве.

❹ В субботу мы посмотрели фильм «Первая любовь», в воскресенье – «Друг». Мне оба (фильма) не понравились.

❺ Сначала я учился в Московском университете, а потом в Петербургском. В обоих (университетах) были хорошие программы.

❻ Больше всего мне нравятся Франция и Италия. На летних каникулах я поеду в обе страны.

연습문제 5

❶ На экскурсию едут два экскурсовода и двадцать три туриста.

❷ В этом зоопарке есть два слона, пять волков, три лисы, сорок четыре обезьяны.

❸ Вчера я занимался в библиотеке более четырёх часов, а брат около часа.

❹ Этому молодому человеку около двадцати пяти лет, а этой девушке не более двадцати двух лет.

❺ В этом городе около тридцати семи тысяч пятисот жителей. А в этой деревне двести восемьдесят один житель.

❻ В пятницу было двадцать два градуса, в субботу – двадцать пять градусов, сегодня двадцать один градус, а завтра будет около тридцати градусов.

연습문제 6

❶ Брат поступил в школу в тысяча девятьсот девяносто восьмом году.

❷ Брату нравятся три девушки.

❸ Обычно папа начинает работать в восемь (часов) тридцать(минут).

❹ Мы жили в Пусане более четырёх лет, а в Сеуле живём около двадцати двух(лет).

❺ Брат писал доклад более трёх дней, а сестра около двух (дней).

❻ Я поеду к бабушке двадцать седьмого июля.

❼ - Какое завтра будет число?
- Тридцать первое мая.

❽ - Когда у вас будет последний экзамен?
- Двадцать второго июня.

❾ В этом доме две кошки. У двух кошек есть маленькие котята.

연습문제 정답

11 – 15과 종합문제

1. b)
2. a)
3. c)
4. d)
5. a)
6. b)
7. c)
8. d)
9. a)
10. d)
11. b)
12. c)

제 16과

연습문제 1

1. Идёт дождь. На дороге много воды.
2. В нашем университете много зданий, стадионов, столовых, кафе.
3. На рынке много капусты, моркови, яблок, апельсинов, клубники.
4. У нашей бабушки много доброты.
5. В лесу много деревьев, цветов.
6. В холодильнике лежит много мяса, колбасы, сыра.
7. Раньше в этой деревне было много домов и много жителей, но сейчас — мало.

연습문제 2

1. На прошлой неделе на фестивале было много гостей.
2. На следующей неделе у меня будет много экзаменов.
3. Сейчас в библиотеке занимается много студентов.
4. В Сеульском зоопарке живёт много обезьян.
5. Раньше в нашем университете училось мало иностранцев.
6. В следующем году в нашей компании будет работать много новых сотрудников.
7. Раньше у меня было мало проблем, но в последнее время появилось много трудностей.

연습문제 3

1. Мы провели на Чеджу много времени.
2. Брат знает много стихов.
3. X
4. Дети выпили много молока и съели много фруктов.
5. Дети подарили маме много цветов.
6. X

연습문제 4

1. На улицах Кореи много машин.
2. Каждый день у отца много работы.
3. Брат путешествовал по многим странам.
4. Этот профессор знает много иностранных языков.
5. Мы хорошо понимаем многих иностранных преподавателей.
6. Многие дети не хотят делать домашнее задание.
7. Саша быстро запомнил много русских слов.
8. В Корею приехали спортсмены из многих стран мира.
9. На Олимпийские игры приехало много спортсменов из разных стран.
10. В этой фирме работает много инженеров.
11. Мой отец работал во многих фирмах.
12. Дедушка работал в больнице много лет.
13. Мне нравятся многие романы Достоевского.
14. Многим студентам нашего факультета нравится экономика.

연습문제 5

1. В нашем университете много студентов из России. Со многими из них я дружу.
2. В нашем университете много студентов из России. Многие из них хорошо говорят по-корейски.
3. В нашем городе много парков. Во многих из них я люблю гулять.
4. У меня много русских сувениров. Многие из них я купил в России.

연습문제 정답

❺ У меня много друзей.
Многим из них нравится изучать корейский язык.
Многих из них мы пригласили на наш фестиваль.
О многих их них я часто рассказываю тебе.

연습문제 6

❶ Перед экзаменом Маша много занималась, поэтому получила высокую оценку.

❷ Игорь познакомился «ВФейсбук» со многими иностранцами, он часто пишет письма многим из них, сегодня он написал много писем.

❸ Скоро Рождество, мы купили много подарков, поэтому что у нас много друзей и родственников.

❹ Маша много ест, поэтому очень полная. А Валя всегда ест много овощей и фруктов, и у неё нормальный вес.

❺ Брат готовился к экзамену много дней, он хорошо подготовился ко многим экзаменам.

❻ Я знаю, что многие дети любят мороженое. Сейчас в кафе много детей.

❼ Сегодня на лекции нет многих студентов.

연습문제 7

❶ В нашем университете много иностранных студентов, многие из них приехали из Китая.

❷ В настоящее время многие корейцы хотят изучать китайский язык.

❸ Хорошие программы для иностранных студентов есть во многих корейских университетах.

❹ У многих студентов нашего факультета есть хорошие электронные словари.

❺ Маленьким детям нужно много игрушек.

❻ Вчера в нашем студенческом клубе было много гостей. И многие наши гости приехали к нам из Сеула. Многим гостям понравился концерт.

❼ Брат изучает русский язык много лет, поэтому хорошо говорит по-русски. Многие наши студенты спрашивают его о грамматике русского языка.

제 17과

연습문제 1

❶ Мальчик сделал маленький самолёт из бумаги.

❷ - Как зовут эту девушку?
- Какую? Со светлыми волосами в брюках?
- Нет, с тёмными волосами в синем платье.

❸ Мы посмотрели фильм про корейского императора Седжона / о корейском императоре Седжоне.

❹ Сестра купила ложки и палочки из серебра.

❺ Тебе нравится эта сумка из джинсовой ткани, с длинными ручками?

❻ Мы познакомились с молодым писателем из Канады.

❼ - Почему ты сегодня в тёплом пальто и шапке?
- По радио сказали, что вечером будет – 18 градусов.

❽ Мне нравится эта блузка из китайского шёлка, я хочу подарить её маме.

❾ Я не советую тебе покупать стаканы из пластика, лучше купить стаканы из стекла.

연습문제 2

❶ Нет, я смотрел матч по телевизору.
❷ Нет, я послал ему открытку по Интернету.
❸ Нет, я посмотрел его по телевизору.
❹ Нет, я посмотрел фильм по телевизору.
❺ Нет, мы редко встречаемся, но каждый день разговариваем по телефону.

연습문제 3

❶ Закончился чемпионат мира по хоккею, команда Канады стала чемпионом мира по хоккею.

❷ Мне нравятся мои соседи по дому / по даче / по комнате, мы никогда не ссоримся.

❸ Вчера я не смог пойти на лекцию по истории, дай мне, пожалуйста, свою тетрадь по истории.

연습문제 정답

④ У моего брата много книг по экономике, потому что он специалист по мировой экономике. Он увлекается мировой экономикой со школы.

⑤ Мой друг работает тренером по бадминтону. Конечно, он очень хорошо играет в бадминтон.

⑥ Мне нравится смотреть по телевизору соревнования по гольфу, я болею за корейских гольфистов.

⑦ Я плохо написал тест по химии, потому что совсем не люблю и не понимаю химию.

연습문제 4

① Мне нужен крем для рук / для ног / для лица / для детей.

② Я купил шкаф для книг / для обуви.

③ Сейчас по телевизору идёт фильм для детей.

④ Я хочу купить порошок для стирки / для чистки ванны.

⑤ Я купил подарок для младшей сестры.

⑥ Я подарила папе гель для бритья.

⑦ В этом магазине продают обувь для женщин / для мужчин / для детей / для бега / для танцев.

⑧ Бабушка пьёт лекарство для сердца / для желудка / для понижения давления.

연습문제 5

① У тебя высокая температура? Тебе нужно лекарство от температуры.

② Твой младший брат заболел? Вот лекарство для детей.

③ Вот хорошее средство для чистки зубов.

④ Как много мух! Надо купить средство от мух.

⑤ Твоя кошка заболела? Купи специальные таблетки для кошек.

⑥ У дедушки болит печень, ему надо принимать таблетки для печени.

⑦ Ты не хочешь загорать? Тогда купи крем от загара.

⑧ Ты хочешь иметь красивый загар? Тогда купи крем для загара.

제 18과

연습문제 1

① Мы с друзьями ходим в бассейн по субботам.

② Мы пришли в кинотеатр за две минуты до начала фильма.

③ Мы пришли в кинотеатр через пять минут после начала фильма.

④ Брат был в Америке с января по май / в течение четырёх месяцев.

⑤ Во время фестиваля студенты пели русские народные песни.

⑥ Мама готовила ужин с четырёх часов до шести (часов) / в течение двух часов.

⑦ Отец работал в компании «Самсунг» с тысяча девятьсот восемьдесят седьмого года по две тысячи семнадцатый (год) / в течение тридцати лет.

연습문제 2

① А) После того как родители хорошо отдохнули во Франции, они поехали в Италию.

Б) Перед тем как поехать в Италию, родители хорошо отдохнули во Франции.
Перед тем как родители поехали в Италию, они хорошо отдохнули во Франции.

В) До того как поехать в Италию, родители хорошо отдохнули во Франции.
До того как родители поехали в Италию, они хорошо отдохнули во Франции.

② А) После того как эта спортсменка много и упорно тренировалась, она стала чемпионом мира по теннису.

Б) Перед тем как стать чемпионом мира по теннису, эта спортсменка много и упорно тренировалась.
Перед тем как эта спортсменка стала чемпионом мира по теннису, она много и упорно тренировалась.

В) До того как стать чемпионом мира по теннису, эта спортсменка много и упорно тренировалась.
До того как эта спортсменка стала чемпионом мира по теннису, она много иупорно тренировалась.

연습문제 정답

❸ А) После того как Анна найдёт хорошую работу, она выйдет замуж

Б) Перед тем как выйти замуж, Анна найдёт хорошую работу.
Перед тем как Анна выйдет замуж, она найдёт хорошую работу.

В) До того как выйти замуж, Анна найдёт хорошую работу.
До того как Анна выйдет замуж, она найдёт хорошую работу

❹ А) После того как Андрей окончит университет, он начнёт работать в крупной компании.

Б) Перед тем как начать работать в крупной компании, Андрей окончит университет.
Перед тем как Андрей начнёт работать в крупной компании, он окончит университет.

В) До того как начать работать в крупной компании, Андрей окончит университет.
До того как Андрей начнёт работать в крупной компании, он окончит университет.

❺ А) После того как мы с Сашей несколько раз встречались в студенческом клубе, мы подружились.

Б) Перед тем как подружиться, мы с Сашей несколько раз встречались в студенческом клубе.
Перед тем как мы с Сашей подружились, мы несколько раз встречались в студенческом клубе.

В) До того как подружиться, мы с Сашей несколько раз встречались в студенческом клубе.
До того как мы с Сашей подружились, мы несколько раз встречались в студенческом клубе.

❻ А) После того как мой брат долго думал, он поступил на факультет журналистики.

Б) Перед тем как поступить на факультет журналистики, мой брат долго думал.
Перед тем как мой брат поступил на факультет журналистики, он долго думал.

В) До того как поступить на факультет журналистики, мой брат долго думал.
До того как мой брат поступил на факультет журналистики, он долго думал.

❼ А) После того как преподаватель будет долго рассказывать о Пушкине, он задаст вопросы.

Б) Перед тем как задать вопросы, преподаватель будет долго рассказывать о Пушкине.
Перед тем как преподаватель задаст вопросы, он будет долго рассказывать о Пушкине.

В) До того как задать вопросы, преподаватель будет долго рассказывать о Пушкине.
До того как преподаватель задаст вопросы, он будет долго рассказывать о Пушкине.

제 19과

연습문제 1

❶ Я вчера не написал доклад **из-за младшего брата**, потому что он весь день мешал мне.

❷ Соня не пошла на концерт **из-за зубной боли**.

❸ Дедушка чувствует себя хорошо **благодаря новому лекарству**.

❹ Дедушка чувствует себя плохо **из-за высокой температуры**.

❺ **Благодаря Интернету** мы можем найти любую информацию.

❻ **Из-за компьютерных игр** младший брат не сделал домашнее задание.

연습문제 2

❶ Екатерина хорошо сдала экзамен благодаря тому, что много занималась (занимается)

❷ Юрий плохо сдал экзамен из-за того, что мало занимался (занимается)

❸ Я не разговариваю с Мариной из-за того, что мы поссорились.

❹ Брат быстро нашёл работу благодаря тому, что хорошо знает английский язык.

❺ Мы опоздали в театр из-за того, что на дороге была большая пробка.

연습문제 정답

연습문제 3

① Несмотря на плохое настроение, Игорь пошёл на вечеринку.
② Несмотря на грипп, Оля пришла на урок.
③ Несмотря на большое домашнее задание, брат играет (играл) в компьютерные игры.
④ Несмотря на пробки на дорогах, студенты не опоздали на лекцию.

연습문제 4

① Несмотря на то что мама чувствовала себя плохо, она не пошла в поликлинику.
 = Мама не пошла в поликлинику, несмотря на то что она чувствовала себя плохо.
 Хотя мама чувствовала себя плохо, она не пошла в поликлинику.
 = Мама не пошла в поликлинику, хотя она чувствовала себя плохо.

② Несмотря на то что сестра изучает (изучала) русский язык 5 лет, она плохо говорит по-русски.
 = Сестра плохо говорит по-русски, несмотря на то что она изучает (изучала) русский язык 5 лет.
 Хотя сестра изучает (изучала) русский язык 5 лет, она плохо говорит по-русски.
 = Сестра плохо говорит по-русски, хотя она изучает (изучала) русский язык 5 лет.

③ Несмотря на то что Валерий мало занимался, он получил хорошие оценки.
 = Валерий получил хорошие оценки, несмотря на то что он мало занимался.
 Хотя Валерий мало занимался, он получил хорошие оценки.
 = Валерий получил хорошие оценки, хотя он мало занимался.

④ Несмотря на то что дети долго играли в футбол, они не устали. Дети не устали, несмотря на то что они долго играли в футбол.
 Хотя дети долго играли в футбол, они не устали. Дети не устали, хотя они долго играли в футбол.

제 20과

연습문제 1

① Сейчас Софья ищет информацию в Интернете, чтобы написать доклад.
② Студенты много занимаются, чтобы получить «пять» по русскому языку.
③ Папа купил цветы, чтобы подарить их маме.
④ Родители приехали на Чеджу, чтобы хорошо отдохнуть.
⑤ Секретарь сел за стол, чтобы написать письмо.
⑥ Мы встретились с Мариной, чтобы спросить её об учёбе в МГУ.
⑦ Завтра нам надо встать рано, чтобы не опоздать на поезд.
⑧ Света занимается спортом, чтобы похудеть.
⑨ Брат поехал в Канаду, чтобы изучать английский язык.

연습문제 2

① Софья ищет информацию в Интернете, чтобы младшая сестра написала интересный доклад.
② Мальчик открыл рот, чтобы врач осмотрел зубы.
③ Вера пришла в кабинет профессора, чтобы он дал ей книгу о творчестве Чехова.
④ Младший брат сам вымыл посуду, чтобы мама была рада.
⑤ Мама дала сыну деньги, чтобы он купил учебники.
⑥ Мы встретились с Мариной, чтобы она рассказала нам об учёбе в МГУ.

연습문제 3

① чтобы спросить его о новом романе.
 чтобы он рассказал о своём творчестве.
② чтобы спросить декана о стажировке.
 чтобы секретарь помог нам оформить документы.
③ чтобы подарить любимой девушке.
 чтобы мама подарила их бабушке.

❹ чтобы вместе погулять в парке.
чтобы она рассказала ему о своей поездке в Европу.

연습문제 4

❶ Отец поехал в Сеул, чтобы поздравить дедушку с праздником. (O)
❷ Дети идут на стадион, чтобы играть в футбол. (O)
❸ Олег сказал комплимент Вере, чтобы она улыбнулась.(X)
❹ Женя позвонила Марине, чтобы пригласить её в гости. (X)
❺ Женя приехал в гости к Марине, чтобы она показала ему новые фотографии. (X)
❻ Маша взяла в библиотеке словарь, чтобы подготовиться к экзамену. (X)
❼ Завтра брат поедет на остров Чеджу, чтобы отдохнуть после сессии. (O)

연습문제 5

❶ Мы идём к декану за помощью.
❷ Завтра я пойду к подруге за сувенирами.
❸ Вчера Саша ходил в банк за деньгами.
❹ Бабушка идёт на рынок за овощами.
❺ Мы идём в деканат за документами.

16 – 20과 종합문제

❶ b)   ❷ c)
❸ d)   ❹ a)
❺ c)   ❻ a)
❼ d)   ❽ b)
❾ b)   ❿ d)
⓫ a)   ⓬ c)

실속 100%
러시아어 중급 문법 ❶

초판인쇄	2022년 2월 7일
초판발행	2022년 2월 21일
저자	안지영, G.A. Budnikova
책임 편집	김아영, 권이준, 양승주
펴낸이	엄태상
표지 디자인	공소라
내지 디자인	김지연
콘텐츠 제작	김선웅, 김현이, 유일환
마케팅	이승욱, 왕성석, 노원준, 조인선, 조성민
경영기획	마정인, 조성근, 최성훈, 정다운, 김다미, 오희연
물류	정종진, 윤덕현, 양희은, 신승진
펴낸곳	랭기지플러스
주소	서울시 종로구 자하문로 300 시사빌딩
주문 및 교재 문의	1588-1582
팩스	0502-989-9592
홈페이지	http://www.sisabooks.com
이메일	book_etc@sisadream.com
등록일자	2000년 8월 17일
등록번호	1-2718호

ISBN 979-11-6734-026-9 14790
　　　979-11-6734-025-2 (SET)

* 이 책의 내용을 사전 허가 없이 전재하거나 복제할 경우 법적인 제재를 받게 됨을 알려 드립니다.
* 잘못된 책은 구입하신 서점에서 교환해 드립니다.
* 정가는 표지에 표시되어 있습니다.